MERIAN *live!*

W0083778

Kopenhagen

Jan Scherping, Jahrgang 1961, lebt und arbeitet in Norderstedt. Seit er Dänemark mit sechs Jahren das erste Mal betreten hat, ist er jedes Jahr dort. Selbstverständlich auch in Kopenhagen.

Inhalt

◄ Im Christianshavn Kanal ankern auch
Hausboote und Restaurantschiffe.

Unterwegs in Kopenhagen 48

Spaziergänge und Ausflüge 70

Wissenswertes über Kopenhagen 90

✈ Karten und Pläne

Willkommen in Kopenhagen
Dänemarks Hauptstadt beeindruckt mit großartigen Sehenswürdigkeiten, kurzen Wegen und aufgeschlossenen Menschen.

Auf dem Gråbrødre Plads hat sich eine stattliche Menschenmenge versammelt. Erst wippen nur wenige zu den Rhythmen, dann werden es immer mehr. Der Platz füllt sich zusehends, und es dauert nicht lange, bis die Stimmung ihren Höhepunkt erreicht hat. Auf einer Bühne wird gejazzt, einer der besten dänischen Jazzmusiker musiziert dort mit seinem Ensemble. Das jährlich im Juli stattfindende Copenhagen Jazz Festival prägt wieder einmal für zehn Tage die Stimmung in der Stadt: An jeder Straßenecke spielt eine Band, am Abend treten die Weltstars auf. Überhaupt scheint immer Musik über der Stadt zu liegen, zumindest während der Sommermonate. Ob vor den Schiffen am Nyhavn, ob auf Plätzen wie Amagertorv oder Kultorv, die Gastwirte stellen so viele Stühle wie nur möglich nach draußen; Menschen sitzen bei Kaffee und Kuchen zusammen, klönen und freuen sich – es herrscht eine unglaublich ausgelassene Stimmung.

Summer in the City
Das Land hat von Ende Juni bis Anfang August Industrieferien, nur wenige arbeiten in dieser Zeit, alle anderen genießen das Leben und den Sommer. Kopenhagen ist dann voller fröhlicher Menschen, hier und da spielen Straßenmusiker, Besucher bestaunen die vielen Sehenswürdigkeiten … Wer dennoch arbeiten

◄ Auf Plätzen wie dem Amagertorv brodelt im Sommer das Leben.

muss, lässt sich nach Dienstschluss auf ein Feierabendbier nieder.

Das Eindrucksvolle an Kopenhagen ist aber nicht nur die Freundlichkeit und Lebenslust seiner Einwohner, sondern auch die Überschaubarkeit der Stadt. Fast alles ist gut zu Fuß zu erreichen: Wer die Königin auf Schloss Amalienborg besuchen will, gelangt mit wenigen Schritten auch zur Marmorkirche oder zum neuen Schauspielhaus. Er besucht die spektakuläre neue Oper, die schnell mit dem Wasserbus erreicht ist. Oder er lässt sich im nahen Nyhavn nieder. Von dort blickt er schon zur Fußgängerzone (Strøget). Hat er deren 1,8 km durchlaufen, steht er fast schon am Bahnhof und dem dahinter liegenden In-Viertel Vesterbro, davor befindet sich noch der Tivoli, und mit dem Nationalmuseum und der Ny Carlsberg Glyptotek hat man schon fast zwei der großartigen Kopenhagener Museen erreicht. Da mag man sich fragen, weshalb diese Stadt ein so ausgeklügeltes Bussystem und sogar eine Metro braucht? Auch die »Brückenviertel« lohnen einen Besuch. Sie entstanden Mitte des 19. Jahrhunderts, als Kopenhagen aus allen Nähten zu platzen drohte. Østerbro ist eher unspektakulär, doch findet man dort schöne Einfamilienhäuser und Botschaftsgebäude. Aus Ruinen zu neuem Glanz erwacht ist Vesterbro. Das einstige Schmuddelviertel wird heute durch eine Kreativszene, trendige Boutiquen und Cafés geprägt. Auf der anderen Wasserseite durchläuft Christianshavn gerade eine ähnliche Entwicklung. Ein Sorgenkind hingegen bleibt Nørrebro, wo es immer wieder zu sozialen Unruhen kommt. Richtung Flughafen ist gar ein neuer Stadtteil entstanden, Ørestad, mit seiner zum Teil spektakulären neuen Architektur.

Tradition und Moderne

Doch bevor der Besucher den Großraum Kopenhagen erkundet, sollte er nicht versäumen, die gut erhaltenen Straßenzüge der Innenstadt mit ihren Kaufhäusern und Boutiquen zu durchstreifen. Auffällig ist die Fülle an Textilgeschäften, ist dänische Mode von Designern wie Carli Gry, Bitte Kai Rand oder Sand doch längst zum Exportschlager geworden. Formschönes dänisches Design von B&O, Bodum oder Georg Jensen war es schon immer. Hinzu kam in den letzten Jahren ein weiterer Anziehungspunkt: die Gastro-Szene. Besucher aus aller Welt interessieren sich für die Kopenhagener Spitzengastronomie, insbesondere dort, wo sie sich auf ihre nordeuropäischen Wurzeln besinnt. Wer es einfacher mag, holt sich an einer Imbissbude ein kunstvoll garniertes Würstchen namens »Ristet Hot-dog«, setzt sich ans Wasser, lässt die Beine baumeln und verzehrt es voller Genuss.

Eine gut erhaltene Hauptstadt direkt am Wasser, die vor Lebensfreude nur so überschäumt – vielleicht ist das das Geheimnis Kopenhagens. Und wer über den Højbro Plads schlendert, sollte der Statue des Bischofs Absalon, der die Stadt hier 1136 gründete, einen dankbaren Blick zuwerfen. Kriege, Brände und Besetzungen haben sie oft genug heimgesucht und verletzt. Doch jedes Mal ist sie umso stärker und schöner wieder auferstanden. Danke, Absalon!

MERIAN-TopTen

MERIAN zeigt Ihnen die Höhepunkte der Stadt: Das sollten Sie sich bei Ihrem Besuch in Kopenhagen nicht entgehen lassen.

1 Illums Bolighus
Ein Besuch dieses Kaufhauses gleicht einem Streifzug durch die skandinavische Designwelt (▸ S. 33).

2 Experimentarium
Nicht nur für Kinder: Mitmachen und Ausprobieren sind in diesem Museum Pflicht (▸ S. 45).

3 Tivoli
Der traditionsreiche und doch moderne Vergnügungspark ist die meistbesuchte Attraktion des Landes (▸ S. 46).

4 Christiansborg Slot
Hier empfängt die Königin ihre Gäste; Besucher dürfen aber auch einen Blick in die prächtigen Räume werfen (▸ S. 53).

5 Kleine Meerjungfrau
Hans Christian Andersen schuf die literarische Vorlage, Edvard Eriksen das bronzene Ebenbild (▸ S. 57).

6 Rundetårn
Dieser Aussichtsturm, den schon Katharina I. besuchte, bietet den schönsten Blick über die Stadt (▸ S. 58).

Ny Carlsberg Glyptotek
Carl und Ottilia Jacobsen schufen Ende des 19. Jh. die Antikensammlung mit ihren herrlichen Skulpturen (▸ S. 61, 64).

Statens Museum for Kunst
Vom Goldalter bis zur Gegenwart sind hier alle großen Meister des Landes vertreten (▸ S. 61, 65).

Nyhavn
Die einst von Handel und Seefahrt dominierte Hafenpromenade ist heute der quirlige Mittelpunkt der Hauptstadt (▸ S. 72, 74).

Louisiana
Mit berühmten Werken aus dem 20. Jh. zieht der Museumskomplex in Humblebæk unzählige Kunstfans aus aller Welt an (▸ S. 81, 82).

MERIAN-Tipps Mit MERIAN mehr erleben.

Tauchen Sie ein in das Leben der Stadt und entdecken Sie die Seiten Kopenhagens, die nur Einheimische kennen.

 Hotel Fox
Schrill und schräg, jedes Zimmer ist anders: mal kitschig, mal spartanisch (▸ S. 15).

 Madklubben
Hervorragende Bistroküche in gemütlicher Umgebung zu bemerkenswert günstigen Preisen (▸ S. 21).

 Restaurant Noma
Konsequent setzt das Restaurant auf Zutaten aus Nordeuropa und wurde dafür mit zwei Michelinsternen gekürt (▸ S. 24).

 Petitgas
Aus jedem Regalmeter des Hutladens, in dem schon Hans Christian Andersen Kunde war, strömt Geschichte (▸ S. 32).

 Søstrene Grene
Das Sammelsurium der beiden »Schwestern« in der Fußgängerzone lohnt einen Besuch (▸ S. 35).

 Café Sommersko
Ein Dauerbrenner, gutes Essen zu akzeptablen Preisen und immer gut besucht (▸ S. 38).

 Copenhagen Jazz Festival
Zehn Tage lang swingt die Stadt: Jazz gibt es an jeder Straßenecke, oft kostenlos (► S. 42).

 Bakken
Der älteste Vergnügungspark der Welt ist eine stilvolle Alternative zum berühmten Tivoli; sein Wahrzeichen ist der Pierrot (► S. 46).

 Galleri Christina Wilson
In der Galerie entdeckt man anspruchsvolle Gegenwartskunst von Künstlern, über die morgen erst gesprochen wird (► S. 66).

 Straße 152
Im Sommer direkt am Öresund entlangfahren, teure Villen auf der anderen Straßenseite – traumhaft (► S. 81).

Dem Neubau der Oper (▶ S. 57) verdanken die Kopenhagener eine der moderns-
ten Bühnen weltweit. Auch Startenor
Plácido Domingo war bereits zu Gast.

Zu Gast
in Kopenhagen

Der Lebensstandard im Norden ist hoch, das Gebotene hat Stil. Museen und Design sind von Weltrang. Auch beim Feiern zeigen sich die Dänen kreativ.

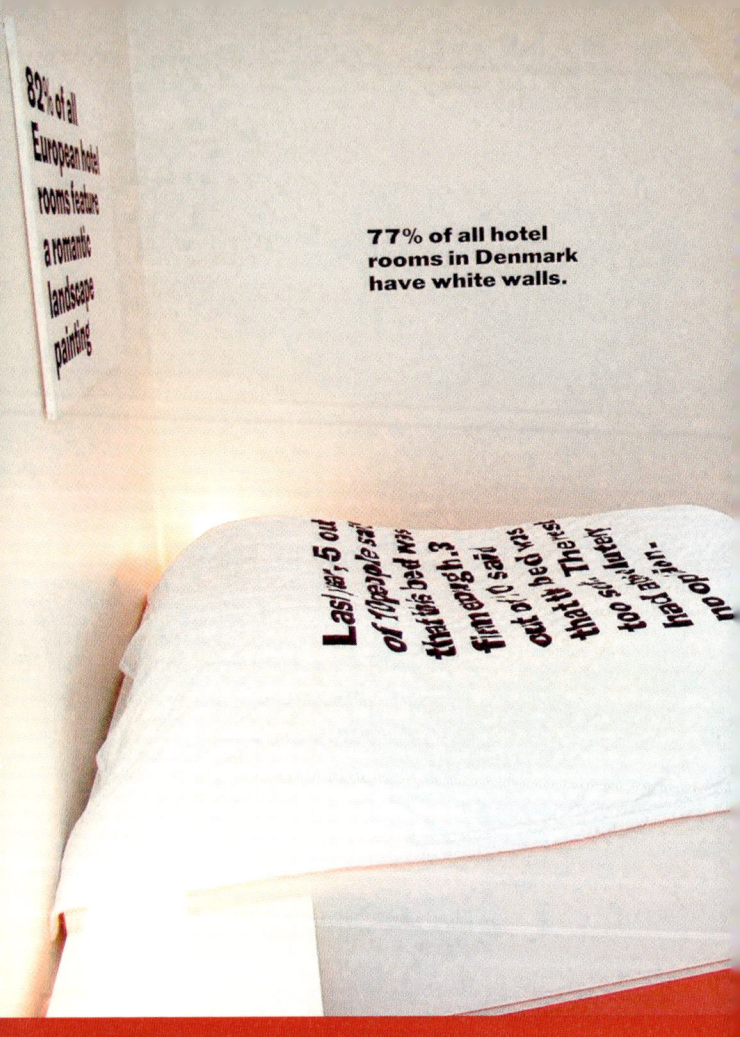

82% of all European hotel rooms feature a romantic landscape painting

77% of all hotel rooms in Denmark have white walls.

Übernachten Die Hotels zeichnen sich durch ihre Gastfreundlichkeit und skandinavische Schlichtheit aus. Manchmal auch durch originelles Design oder ihre herrliche Lage am Wasser, beispielsweise am Nyhavn.

◀ Im Hotel Fox (▶ MERIAN-Tipp, S. 15) ist jedes Zimmer individuell gestaltet.

Blickt man auf ein Verzeichnis der Kopenhagener Hotels, so fällt auf, dass sich viele gleich hinter dem Bahnhof befinden. Das liegt natürlich an der Nähe zum Verkehrsmittel Bahn. Aber auch daran, dass der Grund in Vesterbro bis vor wenigen Jahren noch günstig war.

Günstiges Vesterbro

Denn Prostituierte, Junkies und Pornoshops prägten das Straßenbild, ein Umfeld, in dem meist einfache Hotels ihre funktionalen Zimmer vergleichsweise günstig anbieten konnten.

Das hat sich mittlerweile geändert, denn in den letzten Jahren ist hier das In-Viertel der Stadt entstanden, mit trendigen Kneipen und Boutiquen. Auch die Hotels haben entsprechend aufgerüstet, was zu Preiserhöhungen geführt hat. Dennoch ist diese Ecke für alle die, die nahe am Zentrum und zu akzeptablem Preis übernachten möchten, ideal. Während der Hauptreisezeit sind diese Hotels schnell ausgebucht, also unbedingt möglichst früh reservieren.

Designhotels im Trend

Daneben bietet Kopenhagen auch eine Anzahl richtiger Spitzenhotels, die deutlich 1500 DKK überschreiten. Zwischen diesen Extremen gibt es allerdings auch gute Mittelklassehotels um die 1000 DKK. Allerdings ist das Preis-Leistungs-Verhältnis vieler Hotel nur durchschnittlich: Bett, Stuhl, Tisch, Fernseher und wenig Liebe zum Detail. Andererseits haben in den letzten Jahren auch einige Hotels aufgemacht, die großen Wert auf individuelles Design legen

und so ihre ganz eigene Note besitzen. Sehr viele Hotels bieten auch einen kostenlosen Internetzugang an. Die angegebenen Preise sind nur ein Anhaltspunkt. Am Wochenende sind die Preise oft niedriger, es gibt mitunter Frühbucher- oder Internetrabatte oder Aktionen mit kostenlosen Eintrittskarten, z. B. für den Tivoli.

Preise für ein Doppelzimmer mit Frühstück:

€€€€ ab 1500 DKK	€€ ab 700 DKK
€€€ ab 1100 DKK	€ bis 700 DKK

HOTELS €€€€

Hotel d'Angleterre   ▶ S. 118, B 21

Luxus pur • Zugegeben, Häuser wie das Admiralen oder Nyhavn 71 sind schöner am Wasser gelegen. Und die Lage dieses Tophotels am belebten Kongens Nytorv lässt Ruhe und Entspannung kaum vermuten. Doch im Inneren besitzt es eine Klasse, die seinesgleichen sucht: Klassisch ist hierfür wohl der richtige Ausdruck. Kein Wunder also, dass Berühmtheiten wie Michael Jackson, Steven Spielberg, die Musiker der Rockgruppe Pink Floyd oder die belgische Königin Fabiola hier nächtigten.

Indre By • Kongens Nytorv 34 • Metro: Kongens Nytorv • Tel. 33 12 00 95 • www.dangleterre.dk • 130 Zimmer • €€€€

Romantik Hotel 71 Nyhavn
▶ S. 118, C 21/22

Maritimes Flair • Eines der am schönsten gelegenen Hotels der Stadt am Nyhavn mit Blick auf Hafen und die neue Oper. Der alte Speicher ist eindrucksvoll restauriert worden und strahlt ein gemütliches Ambiente aus.

Indre By • Nyhavn 71 • Metro: Kongens Nytorv • Tel. 33 43 62 00 • www.71nyhavnhotel.dk • 159 Zimmer • €€€€

Scandic Front   ▸ S. 118, C 21

Schick mit Hafenblick • Eine der spektakulärsten Hoteladressen der Stadt, vom Reisemagazin »Conde Nast Traveller« 2007 in die sogenannte Hot List aufgenommen. Am Wasser und neben dem neuen Schauspielhaus gelegen. Moderne, zum Teil luxuriöse Zimmer, die Einrichtung ist bis ins kleinste Detail durchkomponiert.
Indre By • Skt. Annæ Plads 21 • Metro: Kongens Nytorv • Tel. 33 13 34 00 • www.front.dk • 131 Zimmer • €€€€

Skt. Petri   ▸ S. 117, F 17

Design dominiert • Luxushotel in einem ehemaligen Warenhaus. Klassisch-moderner Stil, zentral gelegen, Terrasse mit Blick über die Altstadt.
Indre By • Krystalgade 22 • Metro: Nørreport • Tel. 33 45 91 00 • www.hotelsktpetri.com • 270 Zimmer • €€€€

HOTELS €€€
Admiral Hotel   ▸ S. 118, C 21

Mit Hafenblick • In einem alten Speicher und ganz im maritimen Stil eingerichtet. Aus den kleinen Fenstern zur Seeseite kann man auf die neue Oper gegenüber schauen. Das Hotel besitzt das sehr gute, von Sir Terence Conran gestaltete Restaurant Salt (internationale Küche) sowie den Nachtclub Nautilus.
Indre By • Toldbodgade 24–28 • Metro: Kongens Nytorv • Tel. 33 74 14 14 • www.admiral-hotel.dk • 366 Zimmer • €€€

Clarion Collection Hotel Neptun
▸ S. 118, B 21

In Schlossnähe • Konservativ gehaltenes Klasse-Hotel der Clarion-Kette in zentraler Lage mit großen Zimmern. Der Blick von der Dachterrasse über die City ist einmalig.
Indre By • Skt. Annæ Plads 14–20 • Metro: Kongens Nytorv • Tel. 33 96 20 00 • www.clarionhotel.com • 133 Zimmer • €€€

Copenhagen Island   ▸ S. 117, E 20

Auf einer künstlichen Insel • Das Hotel wurde 2006 direkt am Kopenhagener Hafen eröffnet. Tolle Aussicht und beeindruckende Architektur.
Indre By • Kalvebod Brygge 53 • S-Bahn: Dybbelsbro • Tel. 33 38 96 00 • www.copenhagenisland.dk • 326 Zimmer • €€€

Hotel City   ▸ S. 118, B 22

Klassisch und zentral • Sehr schönes, helles Hotel, zentral gelegen und dennoch sehr ruhig. Gehört zur Best-Western-Hotelkette. Unter den etwas anspruchsvolleren Hotels eine der besten Möglichkeiten.
Indre By • Peder Skramsgade 24 • Metro: Kongens Nytorv • Tel. 33 13 06 66 • www.hotelcity.dk • 81 Zimmer • €€€

Ibsens Hotel   ▸ S. 111, D 8

Hell und kuschelig • Beliebtes, familiär geprägtes Hotel in reiner Wohngegend. Nahe der Fußgängerzone.
Indre By • Vendersgade 23 • Metro: Nørreport • Tel. 33 13 19 13 • www.ibsenshotel.dk • 103 Zimmer • €€€

Radisson SAS Royal Hotel
▸ S. 117, D 19

Klassische Moderne • Der berühmte Arne Jacobsen entwarf dieses funktionale Gebäude ohne Schnick-schnack außen und sehr durchgestylt innen. Suite 606 ist noch so, wie sich der Designer alle Zimmer vorgestellt hatte. Das Hotel ist bei VIPs sehr beliebt und besitzt ein erstklassiges Restaurant mit italienischer Küche.

Indre By • Hammerichsgade 1 • S-Bahn: København H • Tel. 33 42 60 00 • www.radissonblu.com • 265 Zimmer • €€€ • ♿

HOTELS €€

Absalon Hotel ▶ S. 117, D 19

Bahnhofsnähe • Unter den günstigen Hotels in der Bahnhofsgegend gehört dieses Haus zu den besten. In nur zwei Minuten ist man am Bahnhof, in einer am Tivoli. Die Zimmer sind schön eingerichtet, der Service freundlich und das Frühstücksbuffet gut bestückt.

Vesterbro • Helgolandsgate 15 • S-Bahn: København H • Tel. 33 24 22 11 • www.absalon-hotel.dk • 186 Zimmer • €€

Hotel 27 ▶ S. 117, F 18

Einfach eiskalt • Sehr cooles Hotel, schicke Möbel, lebhafter Barbetrieb. Der Hit ist die Absolut Icebar, in der man bei -5 °C seinen Drink genießen kann.

Indre By • Løngangstræde 27 • S-Bahn: København H • Tel. 70 27 56 27 • www.hotel27.dk • 200 Zimmer • €€

Hotel Danmark ▶ S. 117, F 19

Einfach und zentral • Nur wenige Schritte vom Rathausplatz gelegenes, angenehmes Haus. Sehr sauber, hübsche Zimmer und Tiefgarage.

Indre By • Vester Voldgade 89 • S-Bahn: København H • Tel. 33 11

MERIAN-Tipp

HOTEL FOX ▶ S. 117, D 18

Ob schräg, schrill oder funky: Man kann den Stil dieses Hotels nennen, wie man mag, es ist einfach ein ganz besonderes Haus. Jedes Zimmer ist anders gestaltet, ob romantisch, spartanisch oder kitschig, für jeden Geschmack ist etwas vorhanden. Schauen Sie vor der Buchung unbedingt auf die Website!

Indre By • Jarmers Plads 3 • Tel. 33 13 30 00 • www. hotelfox.dk • 61 Zimmer • €€

48 06 • www.hotel-danmark.dk • 51 Zimmer • €€

HOTELS €

Hotel Cab Inn Scandinavia
▶ S. 116, C 17

Im Preis unschlagbar • Die Zimmer sind mit Bett, Fernseher und Tauchsieder ausgerüstet, das Bad ist klein. Doch ist alles sehr sauber und für Kopenhagener Verhältnisse günstig. Etwa 15 Gehminuten vom Rathausplatz entfernt.

Frederiksberg • Vodroffsvej 57 • Metro: Forum • Tel. 35 36 11 11 • www.cab-inn.dk • 201 Zimmer • €

HOTELS IN DER UMGEBUNG

Hellerup Parkhotel
▶ S. 111, nördl. F 5

Im Nobelvorort • Nördlich des Zentrums. Hotel der Spitzenklasse mit hervorragendem Restaurant.

Hellerup • Strandvejen 203 • S-Bahn: Hellerup • Tel. 39 62 40 44 • www. hellerupparkhotel.dk • 71 Zimmer • €€€

Essen und Trinken

Die trendigen Kreationen der Kopenhagener Köche sind immer für eine Überraschung gut. Ob bodenständig oder französisch: Nirgendwo in Europa wird derzeit innovativer gekocht.

◀ Im Bistro Boheme (▶ S. 21) regiert französische Küche mit asiatischem Touch.

Aus »morgenmad«, »frokost« und »middag« bestehen in der Regel die drei täglichen Mahlzeiten des Kopenhageners.
»Morgenmad«, das Morgenessen, ist ein ganz normales kontinentales Frühstück aus Brot, Butter, Marmelade, Käse, Wurst sowie Cornflakes, Haferflocken und Müsli. In den einfacheren Hotels werden Sie kaum eine größere Auswahl vorfinden.
Mittags gibt es dann »frokost«. Das kann ein kleiner Salat sein oder einer der berühmten roten »pølser«. Oder aber auch ein »ristet hot-dog«, ein in ein warmes Brötchen gelegtes Bratwürstchen, garniert mit Remoulade, Ketchup, Senf, Röstzwiebeln und eingelegten Gurkenscheiben. Leider lässt gerade in der Hauptstadt die Hot-dog-Kultur immer mehr nach.

Kunstwerke zu Mittag

Wer es sich über Mittag gut gehen lassen will, der gönnt sich wie viele der berufstätigen Kopenhagener ein »smørrebrød«. Möglichst in einem darauf spezialisierten Restaurant, das nur wochentags und bis zum späten Nachmittag geöffnet hat. Die meisten dieser Lokale sind auch während der großen Sommerferien von Mitte Juni bis Anfang August geschlossen. »Smørrebrøder« sind z. B. belegt mit Salat, Krabben, Ei, verfeinert mit etwas Remoulade. Man kann jedoch auch zwischen einem Belag aus Leberpastete, Roastbeef, »rullepølse« (Rollwurst, der Presswurst ähnlich) und natürlich Fisch in allen Varianten wählen. Der Gedanke, dass es sich hier »nur« um ein belegtes Brot handelt, verführt dazu,

dass man größere Mengen bestellt – um dann bei der Rechnung in Ohnmacht zu fallen. Denn im Schnitt kostet ein Brot zwischen 35 und 70 DKK. Zusammen mit Getränken hat man dann bei zwei Personen schnell 300 DKK für einen Mittagsimbiss ausgegeben!
Und noch steht ja das Abendessen, das »middag«, an. Kopenhagen gilt derzeit als kulinarische Hauptstadt Europas, nirgendwo anders sind die Köche so kreativ und innovativ. Doch das hat seinen Preis, Hauptgerichte unter DKK 200 sind selten. Eine Alternative bieten die Cafés (▶ S. 37), in denen man tagsüber und zu später Stunde leckere Mahlzeiten für selten mehr als 100 DKK vorgesetzt bekommt.

Französlscher Einschlag

Geprägt wird die Kopenhagener Küche von verschiedenen Stilrichtungen. Allerhöchste Anerkennung findet natürlich die französische Küche. Wer sich etwas bodenständiger gibt, bezeichnet seine Küche als »dänisch-französisch«. Momentan besinnt man sich in der gehobenen Gastronomie auf nordische Rohwaren, was in völlig neuen und ungewöhnlichen Geschmackserlebnissen resultiert. Typisch dänische Gerichte sind beispielsweise »svinemørbrad med æbler og kartofler« (Schweinekamm mit Äpfeln und Kartoffeln), »flæskesteg med svær« (Schinkenbraten mit Kruste) oder »biksemad«, eine Art Resteessen aus verschiedenen Fleischsorten, Kartoffeln, Spiegelei und Rote Beete.
An Getränken zum Essen bevorzugt man in Kopenhagen Bier. Es gibt alkoholfreies Bier, leichtes (»let«), normales wie Grøn Tuborg oder Carls-

berg Hof und die stärkeren wie Carlsberg Elephant oder Stout. An Feiertagen wie Weihnachten und Ostern werden besondere Biere wie »julebrygg« oder »påskebrygg« gebraut und in speziellen Flaschen verkauft. Viele Dänen sind inzwischen allerdings der Carlsberg/Tuborg-Biere müde, weshalb dänische Biere aus Mini-Brauereien sich einer immensen Nachfrage erfreuen.

Aquavit und Bitter

Unter den Schnäpsen dominieren zum einen der Gammel Dansk, eine Art Magenbitter, und natürlich der Aquavit, der Kümmelschnaps, dessen berühmtester Vertreter der Aalborger ist.

Und denken Sie bitte daran, dass Rauchen in dänischen Restaurants und Lokalen verboten ist.

Preise für ein dreigängiges Menü:

| €€€€ ab 350 DKK | €€ ab 150 DKK |
| €€€ ab 250 DKK | € bis 150 DKK |

AFRIKANISCH

Casablanca ▶ S. 117, D 17

Nordafrikanisch und fettarm • Marokkanische Küche in großen Portionen zu sehr günstigen Preisen. Indre By • Turesensgade 21 • Metro: Nørreport • Tel. 33 15 72 62 • www. casablanca-restaurant.dk • Di–So 17.30–22 Uhr • €

ASIATISCH

Kiin Kiin ▶ S. 110, C 7

Die Nr. 1 unter den Thais • Siamküche mit viel Gemüse und Schalentieren. Es gibt nur ein Menü, dazu kann man sich für das Weinmenü entscheiden oder in der reichhaltigen Weißweinauswahl fündig werden.

Nørrebro • Guldbergsgade 21 • Metro: Nørreport • Tel. 35 35 75 55 • www.kiin.dk • Mo–Sa 18–1 Uhr • €€€€

Saigon ▶ S. 111, E 7

Authentisch • Gerichte aus allen Landesteilen, perfekt gewürzt. Ob Chả Cà, Bò Sá-té oder kalte Frühlingsrolle, hier ist alles auf den Punkt zubereitet. Die Portionen sättigen, der Preis ist vergleichsweise niedrig. Østerbro • Sølvgade 86 • Metro: Nørreport • Tel. 36 47 46 77 • tgl. 16–22 Uhr • €€

AUSTRALISCH

Reef'n Beef ▶ S. 117, E 18

Downunder • Australische Küche mitten in Kopenhagen! Wie wäre es mit »Shark Attack« oder »Goldmine Steak«? Indre By • Jernbanegade 4 • S-Bahn: København H • Tel. 33 33 00 30 • www.reefnbeef.dk • So–Di 16.30–1, Fr, Sa 16.30–3 Uhr • €€€

DÄNISCH

Kofoed ▶ S. 118, B 21

Bornholm in der Hauptstadt • Hier wird die klassische Bornholmer Küche mit der Moderne gepaart, auch wenn nicht alle Zutaten von der Ostseeinsel kommen. Die Küche setzt auf Einfachheit und Frische statt auf kunstvolle Schnörkel. Indre By • Landgreven 3 • Metro: Kongens Nytorv • Tel. 56 48 22 24 • www.restaurant-kofoed.dk • Mo–Sa 11.30–15.00 & 17.30–22.00 Uhr • €€€€

Bryggeriet Apollo ▶ S. 117, D 19

Hausbrauerei • Hier kommt man nicht zum Essen her, obgleich die Spareribs sehr lecker sind. Der Clou

ist das hauseigene Bier. Ideal vor einem Besuch des Tivoli oder während eines Stadtbummels.
Vesterbro • Vesterbrogade 3 • S-Bahn: København H • Tel. 33 12 33 13 • www.bryggeriet.dk • Mo–Do 11.30–24, Fr, Sa 11.30–2, So 15–24 Uhr • €€

Det Lille Apotek   ▶ S. 117, F 17
Kopenhagens ältestes Restaurant • Gestandene dänische Hausmannskost in ursprünglicher Umgebung.
Indre By • Store Kannikestræde 15 • Metro: Nørreport • Tel. 33 12 56 06 • www.detlilleapotek.dk • Mo–Sa 11–24 • So 12–24 Uhr • €€

Husmann's Vinstue ▶ S. 117, E 18
Einstige Männerdomäne • Eines der bekanntesten Restaurants, um das sich manche Anekdoten ranken. Es wurde 1888 begründet, und bis 1912 durften Frauen es nicht betreten. Dänische Küche und reichhaltige Smørrebröd-Auswahl.
Indre By • Larsbjørnsstræde 2 • S-Bahn: Vesterport • Tel. 33 11 58 86 • www.husmannsvinstue.dk • Mo-Fr, 11 30–16, Sa 12–16 Uhr • €€

WUSSTEN SIE, DASS…

… der Reiseveranstalter Simon Spies (1921–1984) sich ständig mit blutjungen Frauen umgab, mit denen er sich in aller Öffentlichkeit sehr intim vergnügte? Einer seiner Lieblingsorte hierfür war Husmann's Vinstue.

Nytorv Restaurant   ▶ S. 117, F 18
Ur-dänisch • Gemütliches dänisches Restaurant. Ideal auch für einen »frokost«-Stopp im Zentrum.
Indre By • Nytorv 15 • S-Bahn: København H • Tel. 33 11 77 06 • www.nytorf.dk • tgl. 10–24 Uhr • €€

DÄNISCH-FRANZÖSISCH

Gammel Mønt   ▶ S. 118, A 21
Unverwüstlich gut • Lauschiges Restaurant in einem alten Fachwerkhaus. Exzellente Fischgerichte.
Indre By • Gammel Mønt 41 • Metro: Kongens Nytorv • www.gammelmoent.dk • Tel. 33 15 10 60 • Di–Fr 11.30–24 Uhr • €€€€

Geranium   ▶ S. 111, nördl. E 5
Weltklasse im Fußballstadion • Man mag es kaum glauben, doch im 8. Stock eines Fußballstadions versteckt sich der Gourmettempel des international prämierten Rasmus Kofoed. Seine Mittelmeerliebe bleibt vom Trend zur nordischen Küche nicht unbeeindruckt.
Østerbro • P. H. Lings Alle 4 • S-Bahn: Nordhavn • Tel. 69 96 00 20 • www.geranium.dk • Mi–Sa 18–21 Uhr • €€€€

Kanalen   ▶ S. 118, C 22
Traumhafte Lage • Im Sommer gibt es kaum eine bessere Adresse, denn dann kann man in dem herrlichen Garten direkt am Kanal sitzen und sich die viel gerühmten, französisch inspirierten Gerichte von Starkoch Anders Houmann schmecken lassen
Christianshavn • Wilders Plads 2 • S-Bahn: Christianshavn • Tel. 32 95 13 30 • www.restaurant-kanalen.dk • Mo–Sa 11.30–24 Uhr • €€€€

Kong Hans Kælder   ▶ S. 118, A 22
Champions League • Eines der besten Restaurants der Stadt. Seezunge mit Basilikumsauce oder Lammfilet mit Koriander und Zitronengras sind nur

einige Beispiele aus der Karte. Im Durchschnitt kostet ein Hauptgericht 300 DKK. Einfachere Kreationen sind bereits für 160 DKK zu haben.
Indre By • Vingårdstræde 6 • Metro: Kongens Nytorv • Tel. 33 11 68 68 • www.konghans.dk • Mo–Sa 18–24 Uhr, Juni–Aug. Mo geschl. • €€€€

Restaurationen   ▸ S. 118, A 21

Innovativ • Atmosphärisch eher kühles, qualitativ aber überragendes Restaurant im französischen Stil mit bemerkenswerter Weinkarte.
Indre By • Møntergade 19 • Metro: Kongens Nytorv • Tel. 33 14 94 95 • www.restaurationen.dk • Di–Sa 18–24 Uhr, Juli geschl. • €€€€

Saison   ▸ S. 111, nördl. F 5

Ein Österreicher in Dänemark • Erwin Lauterbach wird zu den Top-Ten der dänischen Köche gezählt. In dem im Park Hotel eingerichteten Restaurant sind vor allem Fischliebhaber an der richtigen Adresse.
Hellerup • Strandvejen 203 • S-Bahn: Hellerup • Tel. 31 62 48 42 • www.saison.dk • Mo–Sa 12–24 Uhr • €€€€

Peder Oxe   ▸ S. 117, F 17

Rustikal • In-Lokal, unbedingt reservieren! Es wird bodenständige dänisch-französische Küche kredenzt. Der Kellner kommt, sobald Sie die Tischlampe bedient haben.
Indre By • Gråbrødre Torv 11 • Metro: Kongens Nytorv • Tel. 33 11 00 77 • www.pederoxe.dk • tgl. 11.30–1 Uhr • €€€

Søren K   ▸ S. 118, A 23

In literarischer Umgebung • In der Königlichen Bibliothek (»Den Sorte Diamant«) eingerichtetes Restaurant mit einer schönen Aussicht auf den Hafen. Serviert wird ambitionierte dänisch-französische Küche.
Indre By • Søren Kierkegaards Plads 1 • Metro: Kongens Nytorv • Tel. 33 47 49 49 • www.soerenk.dk • Mo–Sa 12–16, 17–24 Uhr • €€€

FISCH

Acquamarina   ▸ S. 118, A 21

Edel, teuer und gut • Ein Ableger des Nobelitalieners Era Ora mit Konzentration auf Fisch. Auch wenn sich das Acquamarina Trattoria nennt, geht es hier formell zu, auch die Preise liegen über denen einer Trattoria. Die Qualität ist allerdings erstklassig.
Indre By • Borgergade 17A • Metro: Kongens Nytorv • Tel. 33 11 17 21 • www.acquamarina.dk • Mo–Sa 18–24 Uhr • €€€€

Krogs Fiskerestaurant
▸ S. 118, A 22

Der Klassiker • Dieses erstklassige Fischrestaurant trägt seinen guten Ruf zu Recht. Sehr teuer.
Indre By • Gammel Strand 38 • Metro: Kongens Nytorv • Tel. 33 15 89 15 • www.krogs.dk • Mo–Sa 11.30–16, 17.30–24 Uhr • €€€€

FRANZÖSISCH

Le Sommelier   ▸ S. 112, B 12

Exzellente Weinkarte • Eines der reizvollsten Lokale der Stadt. Hier wird bodenständige französische Landküche aufgetischt, dazu kommt eine sehr umfangreiche Weinkarte.
Indre By • Bredgade 63–65 • Metro: Kongens Nytorv • Tel. 33 11 45 15 • www.sommelier.dk • €€€€

Alsace   ▸ S. 118, A 21

Ur-Französisch • Feine elsässische Küche mit Fischspezialitäten. Im

Sommer kann man im herrlichen Hof sitzen.
Indre By • Ny Østergade 9 • Metro: Kongens Nytorv • Tel. 33 14 57 43 • www.alsace.dk • Mo–Sa 11.30–24 Uhr • €€€

L'Education Nationale
▶ S. 117, E 18

Entspannt genießen • Einfach gehaltenes und dennoch gemütliches Szene-Restaurant im Latinerviertel. Meist junges Publikum erfreut sich an der französischen Küche.
Indre By • Larsbjørnsstræde 12 • S-Bahn: Vesterport • Tel. 33 91 53 60 • www.leducation.dk • Mo–Sa 12–16, 18–24 Uhr • €€€

L'Olivier
▶ S. 116, C 18

Angemessenes Preisniveau • Aufgetischt wird bodenständige südfranzösische Küche. Großzügige Portionen, es gibt eine gute Käseauswahl und Weine auch unbekannterer Produzenten aus der Region.
Frederiksberg • Vodroffsvej 47 • S-Bahn: Vesterport • Tel. 35 37 47 65 • Di–Sa 12–15, 18–21 Uhr • €€€

Bistro Boheme
▶ S. 112, B 12

Sehen und gesehen werden • Die Küche dieses Café-Restaurants ist konsequent französisch, allerdings mit einem Touch Ostasien. Im Sommer kann man herrlich draußen sitzen.
Indre By • Esplanaden 8 • S-Bahn: Østerport • Tel. 70 22 08 70 • www.bistroboheme.dk • Mo–Mi 9–24, Do 9–1, Fr 9–2, Sa 11.30–2 Uhr • €€

Bøf & Ost
▶ S. 117, F 17

Einfach gemütlich • Immer gut besuchtes, weil vergleichsweise günstiges Lokal mit französischer Küche. Sehr gemütlich und mit einer Riesenauswahl an Käsesorten (»ost«).
Indre By • Gråbrødretorv 13 • Metro: Kongens Nytorv • Tel. 33 11 99 11 • www.boef-ost.dk • tgl. 11.30–23 Uhr • €€

FROKOST
Aamanns
▶ S. 111, F 7

Tradition • Adam Aamann gilt vielen als der große Erneuerer der Smørrebrød-Kultur. Alles wird frisch und aus ausgewählten Rohwaren zubereitet, man kann die Brote mitnehmen oder gegen einen kleinen Aufpreis gleich im Laden verspeisen. Auch gibt es hier noch ein Restaurant namens Aamanns Etablissement, das sich abends auf dänische Küche konzentriert.

MERIAN-Tipp 2

MADKLUBBEN ▶ S. 112, B 12

Gemütliches Kellerlokal mit dänisch-französischer Bistroküche, ausgesprochen freundliche Bedienung, sehr gutes Preis-Leistungs-Verhältnis. Ein Gericht kostet 100 Kronen, jeweils in 50-DKK-Schritten kann man sich dann ein mehrgängiges Menü zusammenstellen oder ein Gericht gegen einen Aufpreis von 50-100 Kronen mit beispielsweise Krabben oder Trüffel verfeinern. Die Weine beginnen bei einem vernünftigen Preis von 200 Kronen. Nicht gespart wurde an der sehr gemütlichen Möblierung.
Indre By • Store Kongensgade 66 • Metro: Kongens Nytorv • Tel. 33 32 32 34 • www.madklubben.info • Di–So 17.30–24 Uhr • €€

Østerbro • Øster Farimagsgade 10 • Metro: Metro: Nørreport • Tel. 35 55 33 10 • www.aamanns.dk • Aamanns: Mo–Fr 10.30–20, Sa 11–16 Uhr • Aamanns Etablissement: Di–Sa 12–15, 18–21.30 Uhr • €€

Amalie ▶ S. 118, C 21

Seit Jahren top • Für die Mittagszeit ist Flemming Birchs Restaurant eine der besten Empfehlungen.
Indre By • Amaliegade 11 • Metro: Kongens Nytorv • Tel. 33 12 88 10 • www.restaurantamalie.dk • Mo–Sa 11.30–16 Uhr • €€

Ida Davidsen ▶ S. 112, B 12

Wo alles begann • Als vor über 100 Jahren die Gäste von Großvater Davidsen ein Brot zum mittäglichen Bier essen wollten, »erfand« er dazu kunstvoll belegte Schnittchen, die fortan als »Smørrebrød« weltweit bekannt wurden. Die Verpflichtung, auch heute noch die besten Brote der Stadt zu servieren, besteht für die Familie Davidsen nach wie vor.
Indre By • Store Kongensgade 70 • Metro: Kongens Nytorv • Tel. 33 91 36 55 • www.idadavidsen.dk • Mo–Fr 10–17 Uhr, Juli geschl. • €€

Schønnemann ▶ S. 117, F 17

Originell • Erstklassiges »Smørrebrød« seit 1887, der Boden ist mit Sand ausgelegt, die Schnapskarte bietet 35 verschiedene Verdauhilfen.
Indre By • Hauser Plads 16 • Metro: Kongens Nytorv • Tel. 33 12 07 85 • www.danskfrokost.dk • Mo–Fr 11.30–16 Uhr, Juli geschl. • €€

Slotskælderen, Hos Gitte Kik ▶ S. 118, A 22

Politiker treffen Journalisten • Top-Adresse in Sachen »frokost« und schon seit Generationen in Familienbesitz.

Im Noma (▶ MERIAN-Tipp, S. 24), Dänemarks einzigem Restaurant mit zwei Michelinsternen, wird konsequent auf nordische Küche gesetzt.

Indre By • Fortunstræde 4 • Metro: Kongens Nytorv • Tel. 33 11 15 37 • Di–Sa 10–17 Uhr • €€

DACafé　　　　　▶ S. 118, B 23

Stilvoll • Beliebtes »frokost«-Restaurant im Dänischen Architektur Center. Angenehme Atmosphäre. Christianshavn • Strandgade 27 b • S-Bahn: Christianshavn • Tel. 31 57 19 30 • www.dac.dk • tgl. 11–16 Uhr • €

Skildpadden　　　　▶ S. 117, F 17

Sonntags Live-Jazz • Hier kann man sich aus Zutaten wie Krabben, Fisch, Salatblättern, Kapern … das Sandwich selbst zusammenstellen. Indre By • Gråbrødre Torv 9 • Metro: Kongens Nytorv • So–Mi, 11–23, Do–Sa 11–24 Uhr • €

Sporvejen　　　　　▶ S. 117, F 17

Essen in der Straßenbahn • Neun verschiedene Burger-Varianten werden angeboten: vom Knoblauch-Burger mit Muscheln bis hin zum Hähnchen-Burger mit Ananas. Indre By • Gråbrødre Torv 17 • Metro: Kongens Nytorv • Tel. 33 13 31 01 • www.sporvejen.dk • tgl. 11–24 Uhr • €

Told & Snaps　　　　▶ S. 118, C 21

Elf verschiedene Aquavits • Typische dänische Mittagsküche, perfekt zubereitet. »Smørrebrøder« nach streng traditionellen Rezepten. Indre By • Toldbodgade 2 • Metro: Kongens Nytorv • Tel. 33 93 83 85 • www.toldsnaps.dk • Mo–Sa 11.30–16 Uhr • €

INDISCH

B'India　　　　　　▶ S. 111, F 5

Auch Take-away • Gutes Restaurant mit nordindischer Küche, die nicht so scharf ist wie die südindische. Spezialität des Hauses ist Butterchicken in Tomaten-Curry-Sauce mit Mandeln, Cashewkernen, Rosinen und Honig. Østerbro • Blegdamsvej 130 • S-Bahn: Østerport • Tel. 35 43 88 38 • www.bindia.dk • tgl. 17–22.30 Uhr • €€

ITALIENISCH

Alberto K.　　　　　▶ S. 117, D 19

Traumhafte Aussicht • Sehr gutes Restaurant im SAS Radisson Royal Hotel am Bahnhof mit festen Menüs. Italienische Küche mit dänischem Einschlag. Neben dem exquisiten Essen muss unbedingt der grandiose Blick über Kopenhagens Dächer erwähnt werden. Indre By • Hammerichsgade 1 • S-Bahn: København H • Tel. 33 42 61 61 • www.alberto-k.com • Mo–Sa 18–22.30 Uhr • €€€€

Era Ora　　　　　　▶ S. 118, C 23

Edel-Italiener • Fabbio Mazzons italienischer Esstempel zählt zu den fünf besten Restaurants im Zentrum. Der Weinkeller ist eine Wucht, die Essensqualität top, die Preise sind unbestritten heftig. Christianshavn • Overgaden neden Vandet 33 b • S-Bahn: Christianshavn • Tel. 32 54 06 93 • www.era-ora.dk • Mo–Sa 12–15, 18.30–24 Uhr • €€€€

Casa d'Antino　　　▶ S. 112, A 12

Riesige Weinkarte • Authentische italienische Küche, entspannte Stimmung, freundlicher Service. Im Sommer wird auch draußen serviert. Indre By • Dronningens Tværgade 43 • Metro: Kongens Nytorv • Tel. 33 15 15 05 • www.casadantino.dk • Mo–Sa 17.30–22.30 Uhr • €€€

MERIAN-Tipp 3

RESTAURANT NOMA
▶ S. 118, C 22

Das Noma setzt konsequent auf die nordische Küche, viele Zutaten werden aus Grönland, Island und den Färöern geholt. Gekocht wird mit höchster handwerklicher Präzision, kein Wunder, dass das Restaurant in den vergangenen Jahren als einziges in Dänemark zwei Michelinsterne erhielt und 2010 zum weltbesten Restaurant gewählt wurde.
Christianshavn • Strandgade 93 • Metro: Christianshavn • Tel. 32 96 32 97 • www.noma.dk • Di–Fr 12–16.30, Mo–Sa 18–1 Uhr • €€€€

Magstræde 16
▶ S. 117, F 18

Lässig und entspannt • In einem kleinen, alten Haus ist diese Mischung aus Pizzeria und Weinbar eingerichtet. Es gibt typische kleine italienische Gerichte, hungrige Mäuler werden wohl zwei Pizzen brauchen. Die Küche überrascht mit ungewöhnlichen Pizzabelägen, die Weinkarte schont den Geldbeutel.
Indre By • Magstræde 16 • S-Bahn: København H • Tel. 33 16 12 92 • www.magstraede16.dk • Mo–Do 12–22.30, Fr, Sa 12–24 Uhr • €€

Pasta Basta
▶ S. 117, D 19

Für Buffet-Liebhaber • Exzellentes Vorspeisenbuffet, köstliche Suppen und Pastagerichte. Dank der Öffnungszeiten geben sich auch nach 24 Uhr noch viele Gäste der Völlerei hin.
Indre By • Valkendorffsgade 22 • Metro: Kongens Nytorv • Tel. 33 11 21 31 • www.pastabasta.dk • So–Do 11.30–3, Fr–Sa 11.30–5 Uhr • €€

MITTELMEER

Sult
▶ S. 117, F 17

Ungewöhnliche Umgebung • »Sult« heißt Hunger, der Name bezieht sich auf den berühmten Roman des Norwegers Knut Hamsun. Doch Hunger muss in diesem Restaurant niemand leiden. Im Gegenteil: Es wird gute Mittelmeerküche aufgetischt.
Indre By • Vognmagergade 8b • Metro: Nørreport • Tel. 33 74 34 17 • Di–Sa 12–24, So 12–22 Uhr • €€€

Riz Raz
▶ S. 117, F 18

Immer voll • Eines der besten unter den wirklich günstigen Restaurants der Stadt. Den Schwerpunkt setzt Mittelmeerküche, vor allem aus Ägypten. Großartig auch das Buffet voller Oliven, Käse, Auberginen, Reis …
Indre By • St. Kannikestræde 19 • Metro: Nørreport • Tel. 33 15 05 75 • www.rizraz.dk • Mo–Fr 11.30–22, Sa, So 11.30–23 Uhr • €€

Sorte Hest
▶ S. 115, F 16

Klein und rustikal • Einst kochte René Warn in Sterne-Restaurants, heute bereitet er einfachere Gerichte zu niedrigeren Preisen zu. Die Karte ist klein, die Weinauswahl ist es auch, aber dafür wird ein überragendes Preis-Leistungs-Verhältnis geboten. Nur 25 Plätze.
Vesterbro • Vesterbrogade 135 • S-Bahn: Enghave • Tel. 33 25 22 23 • www.sortehestetspisested.dk • Mi–Fr 12–15, 17.30–24 Uhr • €€

SPANISCH

Pintxos
▶ S. 111, D 8

Tapas-Paradies • Abseits der Touristenströme gelegenes Lokal, das sich

auf Tapas, Paella und andere spanische Gerichte spezialisiert hat.
Indre By • Nansensgade 63 • Metro: Nørreport • Tel. 33 93 58 05 • www.pintxos.dk • Mo–Sa 17–22.30 Uhr • €€

VEGETARISCH

42° Raw ▸ S. 118, A 21

Knackig und gesund • Hier ist das Essen meist roh, teilweise aber auch angewärmt, aber nur bis maximal 42°, daher der Name. Salate, Nudeln, Pizza, Kuchen, frischgepresste Säfte und Smoothies stehen auf der Speisekarte, die auch Veganer akzeptieren werden.
Indre By • Pilestræde 32 • Metro: Kongens Nytorv • Tel. 32 12 32 10 • www.42raw.com • Mo–Fr 10–20, Sa 10–18, keine Reservierung • €

TIVOLI

36 Lokalitäten buhlen im Tivoli um die Gunst der Kundschaft. Rechnen Sie bei den Preisen aber mit einem Tivoli-Aufschlag! Bei den etwas besseren Restaurants müssen Sie mindestens 200 DKK für das Hauptgericht berappen, in Edelrestaurants sogar um die 300 DKK.

The Paul ▸ S. 117, E 19

Der Hammer • Sowohl qualitativ als auch preislich. Man kann zwischen vier und sieben Gängen wählen. Ideen holt sich Paul Cunningham Küchenchef aus aller Welt. Aus England brachte er die Idee des »Chef's Table« mit. Man sitzt direkt an der Küche, und Cunningham serviert Essen, Weine, Schnäpse und mehr nach eigenem Gutdünken. Fixpreis sind 16 000 DKK für den Tisch, bis zu acht Leute haben Platz. Geraucht werden darf nur in der Lounge.
Indre By • Vesterbrogade 3 • S-Bahn: København H • Tel. 33 75 07 77 • www.thepaul.dk • €€€€

Grøften ▸ S. 111, D 8

Krabbenparadies • Einmal im Tivoli sitzen und so richtig dänisch essen? Dann sind Sie hier richtig. Hervorragendes »Smørrebrød«, die Krabben sind ein Gedicht!
Indre By • Vesterbrogade 3 • S-Bahn: København H • Tel. 33 12 11 25 • www.groeften.dk • tgl. 12–23.30 Uhr • €€€

Ida Davidsen (▸ S. 22) ist die Wiege der kunstvoll belegten »Smørrebrøder«.

Italia 👯 ▸ S. 117, E 19

Schöner Garten • Eines der günstigeren Restaurants im Vergnügungspark und damit auch ideal für Familien. Gute Küche, lockere Stimmung.
Indre By • Vesterbrogade 3 • S-Bahn: København H • Tel. 33 12 68 12 • tgl. 12–23.30 Uhr • €€€

grüner
reisen

Wer zu Hause umweltbewusst lebt, möchte dies vielleicht auch im Urlaub tun. Mit unseren Empfehlungen im Kapitel grüner reisen wollen wir Ihnen helfen, Ihre »grünen« Ideale an Ihrem Urlaubsort zu verwirklichen und Menschen zu unterstützen, denen ein verantwortungsvoller Umgang mit der Natur am Herzen liegt.

Auf dem Weg zur grünen Hauptstadt

Kopenhagen hat sich ein ambitioniertes Klima-Ziel gesetzt. Bis 2015 soll der CO_2-Ausstoß um 20 % reduziert werden, zehn Jahre später soll die Stadt sogar CO_2-neutral sein. Um diese Werte zu erreichen, werden beispielsweise alle öffentlichen Gebäude so renoviert, dass sie künftig weniger Energie verbrauchen; Neubauten unterliegen strengen Vorschriften zur Optimierung der Energienutzung. Der öffentliche Nahverkehr soll verstärkt und auf Elektromotoren umgestellt werden. Die neuen CityCirkel-Busse (Linie 11) fahren dann mit Batterien, die über Nacht aufgeladen werden, und verbinden die wichtigsten Sehenswürdigkeiten miteinander (www.citycirkel.dk). Kopenhagen tut viel, um eine grüne Hauptstadt zu werden. Kein Wunder also, dass der Weltklimagipfel 2009 hier stattfand.
Ökologie wird aber auch bei Essen und Trinken groß geschrieben: »organic« boomt, und nirgendwo werden mehr Biolebensmittel gekauft oder verzehrt als in Dänemarks Metropole. Der ökologische Gedanke führt inzwischen kein Nischendasein mehr, sondern ist in allen Bereichen des Kopenhagener Alltagslebens angekommen.

ÜBERNACHTEN

Hotel Alexandra
▶ S. 117, E 18

Am nicht gerade leisen H. C. Andersen Boulevard gelegenes Hotel. Innen dominieren die dänischen Möbelklassiker (Wegener, Jacobsen, Juhl) und dänische Kunst. Das Hotel war eines der ersten »grünen« Hotels überhaupt in Dänemark. Man hat sich CO_2-Neutralität auf die Fahne geschrieben und überprüft sämtlichen Energieverbrauch, gestaltet die Lieferantenketten effizienter und verwendet nur umweltfreundliche Materialien.
Indre By • H. C. Andersens Boulevard 8 • S-Bahn: København H • Tel. 33 74 44 44 • www.hotel alexandra.dk • 61 Zimmer • €€€€

Axel Hotel Guldsmeden
▶ S. 117, D 19

Das Hotelinterieur mischt moderne technische Ausstattung mit balinesischer Folklore. Man kauft nur erneuerbare Energie ein, nutzt ausschließlich Produkte aus dem ökologischen und fairen Handel, Plastikflaschen sind tabu, der Garten wird mit gesammeltem Regenwasser gepflegt. Jeder Gast wird mittels eines Folders über »grünes« Handeln informiert, es gibt eigene Öko-Produkte (u. a. Beauty, Handtücher).
Vesterbro • Helgolandsgade 11 • S-Bahn: København H • Tel. 33 31 32 66 • www.hotelguldsmeden.com • 129 Zimmer • €€

Hotel Kong Arthur
▶ S. 111, D 8

Das Hotel liegt ganz wunderbar an den Kopenhagener Binnenseen und zugleich nahe der Fußgängerzone. Es gehört zur Brøchner-Gruppe, zu der auch Ibsens Hotel, Hotel Danmark und Hotel Fox (▶ MERIAN-Tipp, S. 15) zählen. Für alle vier Hotels gilt der gleiche grüne Standard: Der Energieverbrauch soll bis 2012 um 25 % gesenkt werden, Lieferanten werden zu CO_2-neutralem Handeln angehalten, Transportwege und Verpackungsverbrauch überprüft, Mitarbeiter zum Thema Energiesparen geschult und Gäste entsprechend informiert. Die Brøchner-Hotels beanspruchen für sich, die erste CO_2-neutrale Hotelkette der Welt zu sein. Das Hotel verfügt über drei Restaurants und ein Spa.
Indre By • Nørre Søgade 11 • Metro: Nørreport • Tel. 33 11 12 12 • www. kongarthur.dk • 155 Zimmer • €€

ESSEN UND TRINKEN

Biom
▶ S. 112, C 12

Die Inhaber wollen Öko-Essen aus der »vegetarischen und langhaarigen Ecke« befreien und plädieren für eine »kurzhaarige Öko Logie«. Und so komponieren sie moderne dänische Küche aus ökologischen und jahreszeitlich geprägten Zutaten. Mittags gibt es kleine Gerichte wie Salate, Sandwiches oder ein Risotto, abends kann man sich sein eigenes zwei- bis viergängiges Menü zusammenstellen. Dazu genießt man Bier, Wein oder Whisky aus ökologischem Anbau.
Indre By • Fredericiagade 78 • Metro: Kongens Nytorv • Tel. 33 32 24 66 • www.biom.dk • Di–Sa 11.30–16 und 17.30–22, Sa, So Brunch 10–14 Uhr • €€

La Galette
▶ S. 117, E 18

In diesem Restaurant gibt es großartige und günstige Pfannkuchen aus Buchweizenmehl. Die kann man beliebig füllen lassen, etwa mit Spinat, Schinken und Käse oder mit einem Rührei. Oder vielleicht doch lieber süß aus Weizenmehl und gefüllt mit Banane und Schokolade oder mit Kastaniencreme?

Indre By • Larsbjørnsstræde 9 •
S-Bahn: Vesterport • Tel. 33 32
37 90 • www.lagalette.dk • Mo–Sa
12–16, 17.30–22, So 16–22 Uhr • €

Paradis

Eine mehrfach in der Stadt vertretene
Eiskette, die Ökomilch verwendet, nur
ausgesuchte Früchte einkauft, ohne
Konservierungsmittel auskommt und
in der jeweiligen Filiale das Eis tages-
frisch produziert. Für Allergiker liegt ei-
ne Zutatenliste aus. Die Sorten rei-
chen von Stracciatella und Weiße
Schokolade bis zu Lakritz und Schoko-
lade mit Karamell und Pekannüssen.
Indre By • Vandkunsten 6 • S-Bahn:
København H ▸ S. 117, F 18
Indre By • Vimmelskaftet 47 • Metro:
Kongens Nytorv ▸ S. 117, F 18
Nørrebro • Købmagergade 58 • Metro:
Nørreport ▸ S. 117, F 17

Soupanatural ▸ S. 110, C 7

Das Lokal definiert sich als Suppenkü-
che und Cocktailbar zugleich. Man
kann dort frühstücken, ab 11 Uhr eine
der herzhaften Suppen verzehren
oder nachts einen Cocktail genießen.
Alle Zutaten stammen aus Ökoanbau,
alle Gerichte (sogar die Cocktails!)
kann man mitnehmen, und die Preise
entsprechen denen nicht-ökologi-
scher Gaststätten. Von jedem verkauf-
ten Getränk oder Gericht geht eine Krone an gemeinnützige Organisationen.
Nørrebro • Guldbergsgade 7A • Metro:
Nørreport • Tel. 32 13 17 35 •
www.soupanatural.dk • Mo, Di 8–22,
Mi, Do 8–24, Fr 8–2, Sa 12–2, So 12–
22 Uhr • €

EINKAUFEN

EcoEgo ▸ S. 117, D 17

Das ökologische Warenhaus schlecht-
hin: Vom Fußball aus fairem Handel

über umweltfreundliches Büromateri-
al, das Schneidebrett aus Recycling-
papier und Teilen von Cashewkernen
bis hin zu Flip-Flops aus umweltver-
träglichem Gummi.
Indre By • Nørre Farimagsgade 82 •
Metro: Nørreport • www.ecoego.com

Emmerys

Eine Art Edel-Bäcker und Delikatess-
handel. Das Brot wird nur aus Mehl,
Wasser und Salz gebacken, auf Hefe
wird verzichtet. Kaffeebohnen aus fairem Handel werden in der eigenen Rös-
terei weiterverarbeitet. Sandwiches
werden vor den Augen des Kunden
frisch zubereitet, möglichst aus ökologischen Zutaten. Und es werden Spe-
zialitäten aus aller Welt angeboten,
z. B. Öle, Reis oder Nudeln. Hinter dem
Konzept steht mit Per Brun einer der bekanntesten Gourmetköche des Landes.
www.emmerys.dk
Indre By • Store Strandstræde 21 •
Metro: Kongens Nytorv ▸ S. 118, B 21
Vesterbro • Vesterbrogade 34 •
S-Bahn: København H ▸ S. 116, C 19
Nørrebro • Nørrebrogade 8 • Metro:
Nørreport ▸ S. 110, C 8

PureGreen ▸ S. 118, A 24

Hier regiert ein Öko-Kaufmann. Von
biodynamischen Delikatessen über
natürliche Parfüms bis zum Geschirrspülmittel gibt es bei PureGreen alles,
der bewusste Verbraucher sucht.
Christianshavn • Islands Brygge 25 •
Metro: Christianshavn • www.
puregreenshop.dk

Slagteren ved Kultorvet
▸ S. 117, F 17

Eine beeindruckende Auswahl an
überwiegend ökologischen Fleisch-
und Wurstwaren bietet der Schlachter
mit dem Künstlernamen Jens Slagter.

PureGreen (▶ S. 28) ist ein Einkaufsparadies für umweltbewusste Verbraucher. Von den Delikatessen bis hin zum Geschirrspülmittel: alles Öko!

Ob Würste nach ungarischen und toskanischen Rezepten oder Grillwürste ohne Farb- und Konservierungsstoffe: Hier sieht alles nicht nur appetitlich aus, sondern schmeckt auch noch hervorragend. Das Angebot umfasst auch Öko-Weine.

Indre By • Frederiksborggade 4 • Metro: Nørreport • www.kultorvet.dk

AM ABEND
Abstrakt ▶ S. 112, B 12

Hier kann man sich sogar ökologisch betrinken – ob der Kopfschmerz am nächsten Morgen dann sanfter ist? Abstrakt ist diese Bar für lange Wochenendnächte, sehr viele Spirituosen und Zutaten für Cocktails sind ökologischen Ursprungs. Elektronische Musik wird in diesem Nachtlokal ebenso gespielt wie Rock, Soul oder Discosound.

Indre By • Store Kongensgade 60 • Metro: Kongens Nytorv • Fr, Sa 22–5 Uhr

FAMILIENTIPPS
Jægersborg Dyrehaven 👨‍👧‍👦
▶ S. 111, nördl. F 5

In diesem 1000 ha großen Waldgebiet im Norden Kopenhagens, gegründet 1671 von König Frederik III, kann man herrlich spazieren gehen, radeln oder sich mit einer Kutsche durch den Park chauffieren lassen. Unterwegs sind viele der insgesamt ca. 2000 Rehe und Hirsche zu sehen; der prächtige Baumbestand stammt teilweise noch aus dem 18. Jh. Das Eremitage genannte Schloss wurde von 1734 bis 1736 errichtet und sollte dem König als Unterkunft dienen, wenn er im Park auf die Jagd ging.

S-Bahn: Klampenborg

Einkaufen
In Kopenhagens Geschäften bekommt man einfach alles: vom gebrauchten Designersofa über königliches Porzellan und formschöne Wohnutensilien bis hin zu Antiquitäten und Comics.

◄Illums Bolighus (► S. 32) ist für form-schönes Wohnzubehör bekannt.

Die Einkaufsmeile Kopenhagens ist der **Strøget**, der »Strich« (im Sinne von »Gegend«), und zugleich die längste Fußgängerzone der Welt. Sie beginnt am Rathausplatz und setzt sich über die Straßen Frederiksberg-gade, Nygade, Vimmelskaftet, Ama-gertorv und Østergade fort, um am Kongens Nytorv zu enden. Hier ver-sammeln sich die großen Namen: Royal Copenhagen und Georg Jen-sen, Ecco und B&O, Illum und Il-lums Bolighus mischen sich mit Souvenirboutiquen, Plattenläden und Bankhäusern.

Elegante Einkaufsmeile

Der Strøget ist eine beeindruckende, aber mit Sicherheit keine billige Ein-kaufsmeile. Verschnaufen lässt sich in den Cafés am Amagertorv.
Auf der Höhe von Illum zweigt die Købmagergade ab, in der sich die Fußgängerzone mit Mode- und Ein-richtungsgeschäften fortsetzt.
Ein anderer Abzweig führt in die Fiolstræde. Hier findet man eine große Auswahl an Buchhandlungen und Antiquariaten. Besonders von Jüngeren hoch geschätzt ist das soge-nannte **Latinerviertel,** das parallel zum Strøget verläuft. Skt. Peders-stræde, Studiestræde, Vestergade und Larsbjørnsstræde gehören dazu. Die Straßen werden von kleineren, teilweise alternativ angehauchten Boutiquen gesäumt. Insgesamt wirkt das Leben hier etwas entspannter als auf dem Strøget.
Auf der anderen Seite des Strøget bil-den Kompagnistræde und Læder-stræde die **Strædet** genannte Fußgän-gerzone mit zahlreichen Cafés und

Antiquitätengeschäften. Letztere fin-det man übrigens auch in der Ravns-borggade im Stadtteil Nørrebro.
Einen ganz eigenen Charme besitzt das Viertel zwischen Købmagergade und Gothersgade. Dicht gedrängt reihen sich die Cafés aneinander. In der Kronprinsensgade warten gute Modeboutiquen für den ausgefalle-neren Geschmack.
In den großen, nach Norden zeigen-den Straßen wie Adelgade und Bor-gergade findet man moderne Ge-schäfte, ausgenommen in der Bred-gade, in der sich viele Antiquitäten-geschäfte und Galerien befinden. Wer es lieber schräg und ungewöhn-lich mag, schlendert durch Vester-bro, wo man rund um die Istedgade wirklich originelle Läden findet.
Fans von Shoppingcentern sollten zum **Fisketorvet** am südlichen Ha-fenende und zu Fields (an der Auto-bahn Richtung Flughafen) pilgern.

BLUMEN
Tage Andersen ► S. 118, A 21

Dieser Mann ist fast Legende, denn seine Blumenarrangements stellen wahre Kunstwerke dar. Und weil vie-le nur kommen, um zu staunen, handhabt Tage Andersen sein Ge-schäft wie ein Museumsdirektor: Eintritt 40 DKK!
Indre By • Ny Adelgade 12 •
Metro: Kongens Nytorv •
www.tage-andersen.com

BÜCHER
Tranquebar Rejseboghandel
► S. 118, A 21

Nicht nur eine Buchhandlung mit (oft englischsprachigen) Reisefüh-rern, Bildbänden und vielen Sachbü-chern zu zahlreichen Ländern, hier gibt es auch Kunsthandwerk, Nah-

MERIAN-Tipp

PETITGAS ▸ S. 118, A 22

In dem zweitältesten Hutgeschäft der Welt, es wurde im Jahr 1857 eröffnet, sind nicht nur die Hüte, sondern auch Beratung und Bedienung Spitzenklasse. Dicht an dicht stapeln sich Borsalinos, Panamas, Stetsons und einfachere Mützen in dem kleinen Laden. Schon der große Sohn der Stadt, der Schriftsteller Hans Christian Andersen, kaufte hier einst seine Kopfbedeckung.
Indre By • Købmagergade 5 • Metro: Kongens Nytorv

rungsmittel und Musik. Angenehme Atmosphäre.
Indre By • Borgergade 14 • Metro: Kongens Nytorv • www.tranquebar.net

COMICS
Fantask ▸ S. 117, E 18
Comicladen, der eine Menge Merchandising-Produkte bereit hält.
Indre By • Skt. Peders Stræde 18 • S-Bahn: Vesterport • www.fantask.dk

DELIKATESSEN
Kransekagehuset ▸ S. 118, A 21
Die beste Adresse für kleine, leckere Küchlein. Die Wahl fällt immer außerordentlich schwer.
Indre By • Ny Østergade 9 • Metro: Kongens Nytorv • www.kransekage huset.dk

HÜTE
Susanne Juul ▸ S. 118, B 21
Schräg, individuell und handgefertigt: Hier sollte »frau« eigentlich für alle Gelegenheiten fündig werden.

Indre By • Store Kongensgade 14 • Metro: Kongens Nytorv • www.susannejuul.dk

KAUFHÄUSER
Illum ▸ S. 118, A 21/22
Aus dem einstigen klassischen Kaufhaus ist nach einem großen Umbau ein Shop-in-Shop-Center geworden. Kleidung, Kosmetik, Töpfe und vieles mehr in luxuriöser Umgebung.
Indre By • Østergade 52, Strøget • Metro: Kongens Nytorv • www. illum.dk

Illums Bolighus ⭐ ▸ S. 117, F 18
Das Einrichtungshaus bietet zwar auch Mode an, in erster Linie jedoch Stoffe, Möbel, Lampen, Glas, Küchenutensilien und natürlich jede Menge Schnickschnack. Ein Bummel durch das Bolighus ist wie ein Streifzug durch die skandinavische Design-Welt in ihrer höchsten Vollendung. Kaum ein Besucher verlässt das Haus ohne Einkaufstüte.
Indre By • Amagertorv 10, Strøget • Metro: Kongens Nytorv • www. illumsbolighus.dk

Magasin du Nord ▸ S. 118, B 21
Das älteste Kaufhaus Skandinaviens und eines der am besten sortierten. Fantastische Modeabteilungen. Tolle Food-Abteilung im Untergeschoss.
Indre By • Kongens Nytorv 13 • Metro: Kongens Nytorv • www.magasin.dk

KINDERBEKLEIDUNG
Quickstep ▸ S. 117, F 17
Große Auswahl von Baby- und Kinderkleidung, skandinavische Marken sind ebenso vertreten wie internationale Designerlabel.
Indre By • Købmagergade 62 • Metro: Nørreport

MODE

Bitte Kai Rand   ▶ S. 118, B 21

Die Kopenhagenerin ist eines der Schwergewichte der hiesigen Modeszene. Geschafft hat sie dies mit Frauenmode in originellen Schnitten und Farben.
Indre By • Store Strandstræde 22 • Metro: Kongens Nytorv • www.bittekairand.dk

Birna   ▶ S. 116, B 20

Sehr schicke Mode für Frauen unterschiedlicher Altersklassen, entworfen von der Isländerin Birna Karen Einarsdottir. Ihr ist wichtig, nicht jedes halbe Jahr eine radikal andere Kollektion auf den Markt zu werfen, sondern ihren Stil kontinuierlich weiterzuentwickeln.
Vesterbro • Istedgade 99 • S-Bahn: Hovedbanegården

Cookiefactory   ▶ S. 117, E 18

Klamotten, Schuhe und Schmuck für ein jüngeres urbanes Publikum, bemerkenswert sind die sehr ausgefallenen T-Shirt-Motive.
Indre By • Skt. Peders Stræde 10 • Metro: Nørreport • www.cookie factory.dk

Filippa K   ▶ S. 118, A 21

Trendiges schwedisches Label für Jüngere und etwas Ältere beiderlei Geschlechts.
Indre By • Ny Østergade 13 • Metro: Kongens Nytorv • www.filippa-k.com

Liebe   ▶ S. 117, F 18

Die Designerin Susanne Liebe bietet ein breitgefächertes, selbst entworfenes Sortiment von Gürteln über Keramik bis hin zu Kinderbekleidung und Ohrringen, alles in eher weichen Farbtönen.

Indre By • Kompagnistræde 23 • Metro: Kongens Nytorv • www.liebeshop.dk

Nørgaard på Strøget
▶ S. 117, E/F 18

Nørgaard ist die Kopenhagener Modeinstitution für jüngere Leute. Neben der Eigenmarke gibt es aber auch Trendiges anderer Designer.
Indre By • Amagertorv 13 und Frederiksberggade 11 (Strøget) • Metro: Kongens Nytorv

Red/Green   ▶ S. 115, E 14

Edelmarke, die auf Segler und Golfer abzielt.
Fredriksberg • Falkoner allé 21 • Metro: Frederiksberg • www.redgreen.dk

Sand   ▶ S. 118, A 21/22

Im jütischen Randers entwickelte Edelmarke für Sie und Ihn. Der Laden ist düster, im Gegensatz zur Mode.
Indre By • Østergade 52 • Metro: Kongens Nytorv • www.sand.dk

Stig P.   ▶ S. 118, A 21

Herrenmode, etwas besser und teurer, geeignet für die jungen Etablierten. Wenn Sie Glück haben, treffen Sie hier auch den Kronprinzen.
Indre By • Kronprinsensgade 14 • Metro: Kongens Nytorv • www.stigp.dk

Uno   ▶ S. 117, E 18

Sehr farbenfrohe, frisch wirkende Mode für Frauen und Kinder.
Indre By • Vestergade 13 • S-Bahn: København H • www.uno-danmark.dk

MÖBEL

AWSSI Something Special
▶ S. 117, F 17

Ein Laden ganz im Stil des Art déco, ob Lampen, Stühle oder Leuchter.

Søstrene Grene (▶ MERIAN-Tipp, S. 35) besticht durch sein breites Sortiment, die ansprechende Aufmachung der Ware und unglaublich günstige Preise.

Indre By • Løvstræde 10 • Metro: Kongens Nytorv • www.awssidesign.com

Klassik   ▶ S. 118, B 21

Gebrauchte Designermöbel der klassischen Moderne, beispielsweise von Jacobsen, Klint und Mogensen. Außerdem Bilder und Kunsthandwerk aus jener Zeit. Alles in gutem Zustand und deshalb nicht ganz billig.
Indre By • Bredgade 3 • Metro: Kongens Nytorv • www.klassik.dk

PH Stof & Sofa   ▶ S. 117, F 18

Hier findet man sehr schöne Stoffe, beispielsweise vom finnischen Hersteller Marimekko.
Indre By • Skindergade 25 •
Metro: Nørreport

MUSIK
Accord

Secondhand-Plattenladen für die Genres Pop, Jazz und Klassik.

www.accord.de
– Indre By • Vestergade 37 • S-Bahn: Vesterport und Østerport
     ▶ S. 117, E 18
– Indre By • Larsbjørnstræde 20 •
S-Bahn: Østerport   ▶ S. 117, E 18
– Nørrebro • Nørrebrogade 90 •
Metro: Nørreport   ▶ S. 110, B 7

Rille Dille   ▶ S. 117, E 17

Jazz und Klassik, neu und gebraucht.
Indre By • Nørregade 53 • Metro: Nørreport

PAPIER
Ordning & Reda   ▶ S. 118, A 21

Papier, Notizbücher, Klarsichthüllen und anderes praktisches Bürozubehör werden hier in eindrucksvoller Qualität und in außergewöhnlichen Farben angeboten.
Indre By • Grønnegade 1b •
Metro: Kongens Nytorv •
www.ordning-reda.dk

PORZELLAN

Royal Copenhagen   ▸ S. 117, F 18

»Den Kongelige Porcellanfabrik« und »Bing & Grøndahl« schlossen sich vor Jahren zu »Royal Copenhagen« zusammen. Die Marke ist heute Inbegriff dänischen Porzellans, egal ob als Geschirr oder als dekorativer Weihnachtsteller. Man kann auch Ware zweiter Wahl erstehen.
Indre By • Amagertorv 6, Strøget • Metro: Kongens Nytorv • www.royalcopenhagen.com

SCHMUCK

Georg Jensen   ▸ S. 117, F 18

Der Name für qualitativ hochwertigen Schmuck aus Dänemark. 1904 begründete Jensen seine Silberschmiede. Auf dem Strøget kann man die teure Pracht erwerben.
Indre By • Amagertorv, Strøget • Metro: Kongens Nytorv • www.georgjensen.com

Ingomar   ▸ S. 117, F 17

Klar und formschön, origineller Mix verschiedener Metalle.
Indre By • Landemærket 7 • Metro: Nørreport • www.ingomar.dk

SECONDHAND

Kitsch & Bitch   ▸ S. 117, F 18

Beliebter Secondhand-Laden, der neben Klamotten auch Gläser, Schilder aller Art und Spielzeug verkauft. Noch mehr Secondhand-Geschäfte gibt es im Latinerviertel.
Indre By • Læderstræde 30 • S-Bahn: København H • www.kitschbitch.dk

TABAKWAREN

Merskum Galleriet   ▸ S. 117, E 18

Verkauft neben Bernstein verschiedene Meerschaumprodukte, darunter selbstverständlich Pfeifen.
Indre By • Skt. Peders Stræde 47 • S-Bahn: Vesterport • Mi, Do 12–18, Fr 12–19, Sa 10–14 Uhr

Paul Olsen   ▸ S. 118, A 21

Hervorragende eigene Tabake, vor allem aber Skandinaviens angeblich größter begehbarer Humidor.
Indre By • Christian IX's Gade 5 • Metro: Kongens Nytorv

WEIN

Kjær & Sommerfeldt
    ▸ S. 118, A 21

Der Lieferant für viele Restaurants hat auch ein eigenes Geschäft. Unzählige Flaschen, die in den hohen Räumen aufbewahrt werden, schaffen eine faszinierende Atmosphäre. Darüber hinaus beeindruckt die großartige Auswahl an erlesenen Weinen.
Indre By • Gammel Mønt 4 • Metro: Kongens Nytorv • www.kogs.dk

MERIAN-Tipp 5

SØSTRENE GRENE ▸ S. 117, F 18

Ein unscheinbares Haus mitten in der Fußgängerzone, doch zuweilen bilden sich davor lange Schlangen. Ein herrliches Sammelsurium an Waren gibt es hier zu kaufen, und alles ist sehr preisgünstig. Ob Wein, Seife oder Leuchter, die »Schwestern« machen vor nichts Halt. Dennoch wirkt der Laden nicht billig, sondern durchaus anheimelnd. Auch ohne Kaufabsicht wird ein Besuch zum Erlebnis.
Indreby • Amagertorv 29 • S-Bahn: København H • www.grenes.dk

Am Abend
An Ausgehmöglichkeiten mangelt
es gewiss nicht. Theater, Konzert, Kino, bis 1 Uhr nachts
ins Café oder bis zum frühen Morgen in die Disco – in
Kopenhagen kein Problem.

◄Junges Publikum dominiert im Café
Sommersko (► MERIAN-Tipp, S. 38).

Spät erst macht sich der Kopenhagener auf den Weg ins Nachtleben, um
folglich auch erst spät wieder nach
Hause zu kommen. Besser gesagt: in
der Frühe.
Das gilt auch für Café-Besucher.
Sommersko, **Zeze** oder **Sabines Ca-
féteria** haben vom frühen Morgen
oder Vormittag bis weit nach Mitternacht geöffnet. Eine andere Mög-
lichkeit zum Ausgehen bieten die
Bars der zahlreichen Hotels. Im
d'Angleterre, in den **Radisson SAS
Hotels** oder im **Plaza** beispielsweise
lässt sich bis kurz nach Mitternacht
der Absacker einnehmen. Musiklieb-
haber werden eher die **Jazzlokale** be-
vorzugen, in denen vor allem am
Wochenende Livemusik erklingt.

BARS

Eiffel Bar   ► S. 118, C 23

Traditionsreiche Bar, in der man un-
terschiedlichsten Typen begegnen
kann – vom Schüler bis zum Ge-
schäftsmann. Hier sitzt, trinkt und
klönt man, nach 16 Uhr wird »Smørrebrød« aus einem benachbarten
Café geholt.
Christianshavn • Wildersgade 58 •
Metro: Christianshavn • www.
eiffelbar.dk • So–Mi 9–2, Do–Sa 9–
3 Uhr

Gilt   ► S. 110, A 8

Hervorragende Cocktailbar mit ver-
nünftigen Preisen. Wer keinen Alko-
hol mag (oder nicht darf), greift zu
den »Mocktails«, den alkoholfreien
Cocktails.
Nørrebro • Rantzausgade 39 •
Metro: Forum • www.gilt.dk • Mi, Do,
Sa 20–2, Fr 16–2 Uhr

Lord Nelson   ► S. 117, F 18

Eine der besten Bier-Bars der Stadt,
hier wird Gerstensaft dänischer Mi-
nibrauereien ausgeschenkt. Sind
noch genug Gäste da, bleibt das Lokal länger offen als angegeben.
Indre By • Hyskenstræde 9 • Metro:
Kongens Nytorv • www.lordnelson.
dk • Mo 15.30–22, Di–Do 15.30–24,
Fr ab 15, Sa ab 12 Uhr

Y's Café und Cocktailbar
► S. 117, E 17

Inhaberin Yvonne hat diverse Cock-
tail-Wettbewerbe gewonnen. 110
Cocktails bietet sie auf ihrer Karte
an, nur essen sollte man vorher, denn
eine Küche gibt es hier nicht.
Indre By • Nørre Voldgade 102 •
Metro: Nørreport • www.ys-cocktail.
dk • Mo–Mi 12–1, Do/Sa 12–2,
Fr 12–3 Uhr

CAFÉS

Café Europa   ► S. 117, F 18

Helles und modern eingerichtetes,
bei Stadtbummlern gefragtes Café.
Indre By • Amagertorv 1 • Metro: Kon-
gens Nytorv • www.europa1989.dk •
Mo–Do 9–24, Fr–Sa 9–1,
So 10–19 Uhr

Café Norden   ► S. 117, F 18

Nostalgisch aufgemachtes Café. Zentral gelegen und beliebter Treffpunkt
fußmüder Kopenhagen-Besucher.
Indre By • Amagertorv • Metro:
Kongens Nytorv • www.cafenorden.
dk • Mo–Sa 9–24, So 10–24 Uhr •

Café Zeze   ► S. 118, A 21

Teils Café, teils Bar mit italienischem
Ambiente.
Indre By • Ny Østergade 20 • Metro:
Kongens Nytorv • Mo–Mi 8–24, Do,
Fr 8–2, Sa 9–2 Uhr

Det Elektriske Hjørne

▶ S. 118, A 21

Großes, einfach eingerichtetes Café mit jugendlichem Publikum. Indre By • Store Regnegade 12 • Metro: Kongens Nytorv • www. elhjoernet.dk • Mo–Mi 11.30–2, Do 11.30–4, Fr, Sa 11.30–5 Uhr

Sabines Caféteria

▶ S. 117, E 18

Studentencafé im Latinerviertel. Indre By • Teglgårdstræde 4 • S-Bahn: Vesterport • Mo–Sa 10–2, So 14–2 Uhr

CASINO

Casino Kopenhagen ▶ S. 118, B 24

Im Radisson SAS Scandinavia Hotel gelegenes Spielcasino. Dresscode:

MERIAN-Tipp ⬢ 6

CAFÉ SOMMERSKO

▶ S. 118, A 21

Das Café ist das älteste seiner Art in Kopenhagen. Seit 1976 zieht es Publikum aller Altersklassen an und hat dabei immer wieder seinen kulinarischen Stil gewechselt. Derzeit wird die französische Bistroküche gepflegt, Dorsch mit Kartoffeln heißt nun »Brandade de Morue«. Geblieben sind die gemütliche Atmosphäre, das freundliche Personal und das sehr gute Preis-Leistungs-Verhältnis. Nach wie vor ein idealer Platz, um im Großstadttreiben abzuschalten. Indre By • Kronprinsensgade 6 • Metro: Kongens Nytorv • www. sommersko.dk • Mo–Mi 8–24, Do–Fr 8–2, Sa 9–2, So 10–24 Uhr

---

Schlips und Jackett sind Pflicht. Zutritt ab 18 Jahren. Christianshavn • Amager Boulevard 70 • S-Bahn: Islands Brygge • www.casinocopenhagen.dk • tgl. 14–4 Uhr

DISKOTHEKEN

Boltens Gård ▶ S. 118, B 21

Clubs schließen schneller, als sie aufgemacht haben, gerade in diesem Gebäudekomplex. Gehen Sie einfach dorthin und schauen Sie, welche Clubs es momentan gibt, welcher Ihnen zusagt – und in welchen Sie überhaupt hineingelassen werden. Denn manch einer ist nur für Mitglieder. Metro: Kongens Nytorv

Gefährlich ▶ S. 110, C 7

Lokal mit günstigem Essen und viel Livemusik, abwechselnd Funk, Soul, Electronic und guter alter Rock; auch zum Flirten sehr beliebt. Nørrebro • Fælledvej 7 • Metro: Nørreport • www.gefahrlich.dk • Di 17–1 Mi, Do 17–3, Fr, Sa 17–4.30 Uhr

Ideal Bar/Vega ▶ S. 116, A 20

Nachtclub mit Bar, Disco und im Vega mit Livemusik. Hoher Flirtfaktor. Vesterbro • Enghavevej 40 • S-Bahn: Enghave • www.vega.dk • Mi 21–4, Do–Sa 21–5 Uhr

Loppen ▶ S. 119, D 23

Sehr beliebte Disco in Christiania, meist mit Livemusik (ab 23 Uhr) mit breitem Spektrum (von Punk bis Weltmusik) sowie DJs am Fr und Sa. Christianshavn • Bådsmandsstræde 43 • Metro: Christianshavn • www.loppen.dk • Mi, Do 21–2, Fr, Sa 22–5 Uhr

Park ▸ S. 111, F 5

Derzeit eine der beliebtesten Discos, doch der »Park« ist noch mehr, nämlich auch Café und Restaurant mit günstigem Essen. In der zweiten Wochenhälfte gibt es meist Livemusik.
Østerbro • Østerbrogade 79 • S-Bahn: Nordhavn • www.parkcafe.dk • Do 22–5, Fr, Sa 22–6 Uhr

Woodstock ▸ S. 117, E 18

Dauerbrenner der hiesigen Disco-Szene. Publikum aller Altersstufen, Musik der 1970er bis 1990er-Jahre sowie aktuelle Hits.
Indre By • Vestergade 12 • S-Bahn: Vesterport •www.woodstock.dk • Do–Sa 22–5 Uhr

JAZZ

Copenhagen Jazz House
▸ S. 117, F 17–18

Bestes Jazzhaus, täglich Livemusik.
Indre By • Niels Hemmingsens Gade 10 • Metro: Kongens Nytorv • www.jazzhouse.dk • So–Mi 18–24, Do–Sa 18–5 Uhr

THEATER ▸ S. 118, B 22

Karten für alle Vorstellungen des Königlichen Theaters gibt es bei Billet-Net (▸ S. 101) und im **Ticketbüro**.
Indre By • August Bournonvilles Passage 1 • Metro: Kongens Nytorv • Tel. 33 69 69 69 • www.kglteater.dk • Mo–Sa 14–18 Uhr

Det Kongelige Teater
▸ S. 118, B 21/22

Das königliche Theater ist das dänische Staatstheater und befindet sich seit dem 18. Jh. am Kongens Nytorv. Das Ballett genießt einen sehr guten Ruf. Doch nicht nur wegen der Aufführungen, sondern auch wegen des Theaterbaus lohnt ein Besuch.

Indre By • Kongens Nytorv • Metro: Kongens Nytorv • www.kglteater.dk • Führungen (dänisch): So, 11 Uhr • Ticket 75 DKK

Operaen ▸ S. 119, D 21

Anfang 2005 eröffnete das neue Opernhaus am Hafen und sorgte von Beginn an mit seiner spektakulären Architektur und seinen tollen Aufführungen für Furore. Das vom Architeken Henning Larsen entworfene Gebäude, bespielt vom renommierten Königlichen Theater, war ein Geschenk des größten dänischen Reeders an die Stadt.
Christianshavn • Ekvipagemestervej 10 • Fähre (Havnebus): 901, 902 oder 903 ab Nyhavn • www.operaen.dk • Führungen (dänisch): Sa, So 9.30 und 16.30 Uhr • Ticket 100 DKK

Skuespilhuset ▸ S. 118, C 21

Gegenüber der Oper und direkt am Wasser, am Ende des Sankt Annæ Plads, entstand 2008 das neue Schauspielhaus des Königlichen Theaters. Neben interessanten und modernen Inszenierungen finden hier auch Lesungen und Vorträge statt.
Indre By • Sankt Annæ Plads 36 • Metro: Kongens Nytorv • Tel. 33 69 69 69 • www.skuespilhus.dk • Tickets sind über www.billetnet.dk erhältlich

Dansescenen ▸ S. 115, südl. E 16

Ein kleines Theater, das mit viel Elan versucht, den Tanz als eigene Kunstform zu etablieren. Eigenproduktionen und Gastspiele anderer Theater.
Valby • Pasteursvej 20 • S-Bahn: Enghave • Tel. 33 29 10 10 • www.dansescenen.dk • Tickets über www.billetnek.dk

Feste und Events

Dänen feiern gern und ausgiebig, den Karneval ebenso wie Mittsommer. Im Sommer liegt mit vielen Livekonzerten und dem Copenhagener Jazz Festival regelrecht Musik in der Luft.

◄ Das Jazz Festival (► MERIAN-Tipp, S. 42) lockt viele Musikfans an.

FEBRUAR
Fastelavn
Großes Faschingsfest für Groß und Klein auf dem Rathausmarkt.
Ende Februar/Anfang März • www.karneval.dk

Vinter Jazz
Ganz neu, löst das Festival im Herbst ab. Eine Woche Livekonzerte nicht nur, aber vor allem in Kopenhagen.
Ende Januar/Anfang Februar • www.festival.jazz.dk

MÄRZ/APRIL
NatFilm Festival
Das Nacht-Film-Festival findet nicht nur in Kopenhagen statt; zehn Tage lang werden Filme aller Art gezeigt.
Ende März/Anfang April • www.natfilm.dk

MAI
3D Festival
Wer sich für Animation, visuelle Effekte oder Design interessiert, muss zu diesem Festival, das das größte seiner Art in Europa ist. Eine Mischung aus Kongress und Ausstellung im Bella Center.
Anfang Mai • www.3dfestival.com

5-Øren
Bis in den August hinein finden am Wochenende Rockkonzerte im Strandpark auf Amager statt.
Samstage/Sonntage im August

Internationale Möbelmesse
Renommierte Veranstaltung im Messezentrum Bella Center, mit Ausstellern und Besuchern aus aller Welt.
2. Maiwoche • www.furniturefair.dk

Wonderful Copenhagen Marathon
Im Laufschritt geht es 42,195 km durch die Innenstadt.
Ende Mai • www.copenhagen marathon.dk

Karneval
Einstmals das größte Fest der Stadt, heute ist es kleiner, aber immer noch sehenswert.
Pfingsten • www.karneval.dk

JUNI
Skt. Hans Fest
Mittsommernacht gleicht in Dänemark einem fröhlichen Ritual mit Hexenverbrennung (die »Hexe« steht für böse Geister), natürlich begleitet von Volksliedern und literweisem Bierkonsum.
23. Juni

Roskilde Festival
Wenn die Musik von verschiedenen Bühnen dröhnt, es permanent regnet, Zelt und Schlafsack nicht mehr trocken werden, die Bierflaschen sich türmen und einen ein latenter Haschgeruch umschwirrt, dann weiß man, dass man sich auf dem Roskilde Festival, dem größten Musikfest Nordeuropas, befindet. Doch nichts, überhaupt nichts kann wahre Fans davon abhalten, Jahr für Jahr wieder in die Domstadt zu pilgern. Superstars wie Björk, Blur oder Metallica spielen hier auf, daneben zahllose international weit weniger bekannte Bands.
Ende Juni/Anfang Juli • www.roskilde-festival.dk

JULI
Copenhagen Jazz Festival
► MERIAN-Tipp, S. 42

COPENHAGEN JAZZ FESTIVAL

Eine ganz besondere Atmosphäre liegt über der Stadt, Kopenhagen atmet zehn Tage lang Jazz. In Kneipen, in Sälen, auf Plätzen, überall gibt es Livekonzerte, kostenlos oder für nur ein paar Kronen. Jazz besitzt in Dänemark eine lange Tradition. Erstklassige Bands aus Skandinavien und große Namen wie Wynton Marsalis oder Herbie Hancock gaben oder geben sich ein Stelldichein, von morgens um 10 Uhr bis spät in die helle Sommernacht.
Erste Julihälfte •
www.festival.jazz.dk

Grøn Koncert

Vom dänischen Brauereikonzern Tuborg gesponserte und einem wohltätigen Zweck zugute kommende Reihe von Rockkonzerten mit heimischen Spitzenmusikern.
Mitte Juli • www.groenkoncert.dk

Dragør Musik Fest

Südöstlich von Kopenhagen spielen dänische Musiker drei Tage lang Rockmusik.
Ende Juli • www.dragoermusikfest.dk

Orgelkonzerte

Liebhaber sakraler und klassischer Klänge schätzen die Konzerte, die den ganzen Monat lang in verschiedenen Kirchen Kopenhagens stattfinden.

JULI/AUGUST
Copenhagen Summer Festival

14 Konzerte in 14 Tagen. Kammermusik, interpretiert von international anerkannten Künstlern.
www.copenhagensummerfestival.dk

Straßen-Theater-Festival

Von Ende Juni bis Anfang August herrscht auf den Straßen Helsingørs ein buntes Treiben. Theater, wohin man schaut.
www.helsingoer-teater.dk

AUGUST
Helsingør Jazz Festival

Nicht mit so prominenten Namen geschmückt, dennoch lohnt ein Besuch. Gleichzeitig findet ein Rockfestival mit Amateurbands statt.
Anfang August

Frederikssund Visefestival

Volksmusik und -weisen.
Anfang August • www.frederikssund-visefestival.dk

Kulturhavn

Ein Wochenende mit Bier und Badehose, Musik und Wettkämpfen.
Anfang August • www.kulturhavn.dk

Copenhagen Pride

Schwule und Lesben prägen jährlich das Bild der Kopenhagener Straßen.
Mitte August • www.copenhagen pride.dk

Helsingør Maritime Festival & Baltic Sail

Auch wenn auf dem Wasser Wettbewerbe ausgetragen werden, wäre die Bezeichnung »Stadtfest« wohl passender.
Mitte August

Copenhagen Cooking

Spitzenköche präsentieren sich einer breiteren Öffentlichkeit, vielfach

werden auch die Restaurantpreise gesenkt oder besondere Angebote gemacht.
Ende August • www.copenhagen cooking.com

Copenhagen Games

Leichtathletik der Weltklasse.
Ende August • www.cag2010.dk

SEPTEMBER
Bier-Festival

Täglich erblickt eine neue dänische Brauerei das Licht der Bierwelt. Auf diesem Festival in der Valby Halle kann man die Leistungen der unzähligen Mikrobrauereien begutachten und verkosten.
Mitte September • www.ale.dk

Copenhagen Blues Festival

Auch wenn Kopenhagen eigentlich eine Jazz-Stadt ist, kommen Blues-Interpreten gerne hierher.

Ende September • www.copenhagen bluesfestival.de

OKTOBER
Kulturnatten

Bei der langen Kulturnacht öffnen mehr als 300 Institutionen ihre Tore. Man benötigt einen Kulturpass (75 DKK) und hat dann freien Eintritt in Museen und Galerien.
Anfang Oktober •
www.kulturnatten.dk

Copenhagen Choir Festival

Jährliches Chor-Festival, Aufführungen gibt es an verschiedenen Stätten.
Ende Oktober •
www.copenhagenchoirfestival.dk

Copenhagen Gay and Lesbian Film Festival

Traditionsreiche Filmtage für Freunde der gleichgeschlechtlichen Liebe.
Mitte Oktober • www.cglff.dk

Woodstock auf Dänisch: Beim Roskilde Festival (▶ S. 41), zu dem echte Fans mit Zelt und Schlafsack pilgern, treten Superstars wie Björk, Blur oder Metallica auf.

Familientipps
Das ganze Land ist für seine Kinderfreundlichkeit bekannt. Kopenhagen mit seinen Vergnügungsparks und Museen für den experimentierfreudigen Nachwuchs bildet da keine Ausnahme.

◄ Die größte Attraktion im Land ist der Vergnügungspark Tivoli (► S. 46).

Børnenes Museum, Nationalmuseet ► S. 117, F 19

Endlich ein Museum, in dem Kinder sich austoben dürfen! In dieser volkskundlichen Abteilung des Nationalmuseums wird hautnah gezeigt, wie die Menschen zu anderen Zeiten und in anderen Ländern gelebt haben.

Indre By • Ny Vestergade 10 • S-Bahn: København H • www.natmus.dk • Di–So 10–17 Uhr • Eintritt frei

Danmarks Akvarium ► S. 83, b 2

Großes und gepflegtes Aquarium, herrlich gelegen. Ein Ausflugsziel für einen ganzen Tag.

Strandvejen • Charlottenlund • S-Bahn: Charlottenlund • www. akvarium.dk • Feb.–Mai, Sept., Okt. tgl. 10–17, Juli, Aug. tgl. 10–18, Nov.–Jan. tgl. 10–19, Mi immer 10–20 Uhr • Eintritt 100 DKK, Kinder 55 DKK

Experimentarium 2 ► S. 111, nördl. F 5

Unmittelbar am Wasser steht nördlich der Stadt eines der originellsten dänischen Museen. Über 300 Experimente warten auf jung und jung gebliebene Forscher! Mitmachen ist hier Pflicht. Alles kann berührt, alles ausprobiert werden. Das beginnt mit Aufgaben wie dem Lösen einfacher Denksportfragen, dann kann man Farbfelder ergänzen, sein Gesicht am PC auseinanderbauen und wieder zusammensetzen oder prüfen, ob das eigene Gewicht stimmt. Fesselt Kinder und Erwachsene garantiert!

Hellerup • Tuborg Havnevej 7 • S-Bahn: Hellerup • www.

experimentarium.dk • Mo, Mi–Fr 9.30–17, Di 9.30–21 Uhr • Eintritt 148 DKK, Kinder 97 DKK

Guinness World of Records Museum ► S. 118, A 21/22

All die Superlative, die man bereits aus dem Buch kennt, sind hier visualisiert worden. Wer ist der älteste dänische Fußballverein, wer besitzt die größte Dosenbiersammlung der Welt? Auf alle Fragen gibt es hier die Antwort. Wir erfahren und sehen, dass Robert Earl Hughes mit 485 kg der dickste Mensch aller Zeiten war und ein anderer 32 Eier in 78 Sekunden verspeisen konnte.

Indre By • Østergade 16 • Metro: Kongens Nytorv • www.topattractions. dk • Juni–Aug. 9.30–22.30, Sept.– Mai 10–18 Uhr • Eintritt 85 DKK, Kinder 43 DKK

Københavns Havns Havnebad ► S. 117, F 20

Baden mitten in der Stadt? Ja, direkt im Hafen liegt eine Badeanstalt, die 600 Badegästen Platz bietet. Der Eintritt ist frei, es gibt fünf Becken, eines davon für die Kleinsten, eines für die Größeren. Die Umweltbehörde prüft das Wasser permanent; falls es nicht sauber genug ist, wird die Badeanstalt kurzfristig geschlossen.

Islandsbrygge • S-Bahn: Islands Brygge • Mitte Juni–Ende Aug. Mo–Fr 7–19, Sa, So 11–19 Uhr

The Mystic Exploratorie ► S. 118, A 21

Überschaubares Vergnügen, in dem es um Phänomene geht, man kann selber Wetter generieren oder den elektrischen Stuhl (gefahrlos) testen.

Indre By • Østergade 16 • Metro: Kongens Nytorv • www.topattractions.dk •

Sept.–Mitte Juni 10–18, Fr, Sa 10–
20, Mitte Juni–Aug. 10–22 Uhr •
Eintritt 67 DKK, Kinder 34 DKK

Post & Tele Museum   ▸ S. 117, F 17

Eine der neuesten und spannendsten
Errungenschaften der Stadt. Mit ein
wenig Fantasie können Eltern in diesem Museum anhand der Ausstel-
lungsstücke wirklich interessante
Geschichten aus früheren Zeiten er-
zählen. Für Kinder, die mit Compu-
tern aufwachsen, wird beispielsweise
der mühsame Anfang der Datenver-
arbeitung und -übertragung überra-
schend oder vielleicht auch kurios
sein. Besonders schön sind übrigens
dänische Briefmarken, wovon die
hier gezeigte Sammlung zeugt.
Indre By • Købmagergade 37 •
Metro: Nørreport • www.ptt-
museum.dk • Di, Do–So 10–17,
Mi 10–20 Uhr • Eintritt 50 DKK,
Kinder frei

MERIAN-Tipp   **8**

BAKKEN   ▸ S. 83, b 2

Eigentlich heißt der älteste Vergnügungspark der Welt »Dyre-
havsbakken«. Während im Tivoli
sowohl Einheimische als auch
Touristen zu treffen sind, überwie-
gen im Bakken ganz eindeutig die
dänischen Besucher. Natürlich
gibt es hier auch Fahrgeschäfte,
Losbuden und Ähnliches. Wahrzeichen ist der Pierrot, der mit seiner Pantomime Groß und Klein
gleichermaßen erfreut.
Klampenborg • Dyrehavsbak-
ken • S-Bahn: Klampenborg •
www.bakken.dk • April–Aug.
14–24 Uhr • Eintritt frei

Ripley's Believe It or Not!
▸ S. 117, E 18

Ein Museum voller Kuriosa. Da tra-
gen Menschen Schlösser in der Nase,
sind übermäßig dick oder haben
Fleischerhaken in der Zunge. Man
sieht eine Kuh mit acht Beinen. Frau-
en schlucken Neonröhren. Auf Fern-
sehschirmen flimmern Naturkata-
strophen oder Versuche von Niaga-
ra-Abfahrten. Gruselig auch die Hin-
richtung von El Fusilado 1915, der
diese trotz neun Schüssen aus nächster Nähe überlebte.
Indre By • Rådhuspladsen 57 •
S-Bahn: København H • www.
topattractions.dk • Juni–Aug. 9.30–
22.30, Sept.–Mai Mo–Fr,
So 10–18, Sa 10–20 Uhr •
Eintritt 85 DKK, Kinder 43 DKK

Sømods Bolcher   ▸ S. 117, E 17

Da freut sich der Zahnarzt! In der
kleinen traditionsreichen Bonbon-
fabrik können Kinder nicht nur bei
der Produktion zuschauen, sondern
das Hergestellte auch kaufen.
Indre By • Nørregade 36 • Metro: Nørreport • www.soemods-bolcher.dk

Tivoli   ▸ S. 117, E 19

Wenn sich das Volk vergnüge, komme es nicht auf die dumme Idee einer Revolution. So begründete sinn-
gemäß Georg Carstens gegenüber
dem damaligen König sein Ansin-
nen, einen Vergnügungspark für das
Volk zu eröffnen. Diesem Argument
konnte sich der König angesichts der
revolutionären Stimmung in Europa
nicht verschließen. Und so eröffnete
der Tivoli 1843 seine Pforten. Heute
stellt er die meistbesuchte Attraktion
des Landes dar. Die kleinen Besucher
stürmen von Fahrgeschäft zu Fahrgeschäft, und die Erwachsenen ver-

Anfassen erwünscht! Wer sich zum künftigen Forscher berufen fühlt, kann sich im Experimentarium (▸ S. 45) an mehr als 300 knffligen Aufgaben erproben.

gnügen sich an Spielautomaten, in Karussells und Achterbahnen oder hören der Livemusik zu. Mittwochs und samstags findet überdies ein eindrucksvolles Feuerwerk statt. Mittlerweile ist der Tivoli – für besonders Abgehärtete – auch von Mitte November bis Weihnachten geöffnet.

Indre By • Vesterbrogade 3 • S-Bahn: København H • www.tivoligardens. com • Mitte April–Mitte Sept. So–Di 11–23, Mi, Do 11–24, Fr, Sa 11–1 Uhr • Eintritt 95 DKK, Kinder 50 DKK

Tycho Brahe Planetarium
▸ S. 116, C 19

Ein nicht ganz günstiges, doch umso beeindruckenderes Vergnügen. In diesem berühmten Museum gewinnt man Einblick in die Welt der Sterne und Raumforschung. So richtig spannend aber wird es erst, wenn man einen der Omnimax-Filme ansieht und dabei das Gefühl hat, selbst durchs All zu schweben oder Seeungeheuern zu begegnen.

Vesterbro • Gl. Kongevej 10 • S-Bahn: København H • www.tycho.dk • Mo 11.30–20.30, Di–So 9.30–20.30 Uhr • Eintritt 130 DKK, Kinder 80 DKK

Zoologisk Have
▸ S. 114, C 16

Ein tiergerechter Zoo mit Affen, Elefanten, Bären … Highlight ist der tropische Zoo. Zum Gelände gehört auch ein Kinderzoo (»børnezoo«).

Frederiksberg • Roskildevej 32 • Metro: Frederiksberg • www.zoo.dk • April, Mai, Sept. Mo–Fr 10–17, Sa, So 10–18, Juni, Aug. tgl. 10–18, Juli tgl. 10–21, Okt. tgl. 10–17, Nov.-Feb. tgl. 10-16, März Mo–Fr 10–16, Sa, So 10–17 Uhr • Eintritt 140 DKK, Kinder 80 DKK

👨‍👧 Weitere Familientipps sind durch dieses Symbol gekennzeichnet.

Giebelhäuser aus dem 18. und 19. Jh. säumen den von Christian V. in Auftrag gegebenen Nyhavn (▶ S. 72), wo heute die Boote zur Stadtrundfahrt ablegen.

Unterwegs
in Kopenhagen

Für jeden Geschmack wird etwas geboten: Giebelhäuser am Nyhavn, Ausstellungen zu Kunst und Kirche oder die Wachablösung vor dem Königlichen Schloss.

Sehenswertes
Im Mikrokosmos Kopenhagen liegt alles dicht beieinander: Tivoli, die Kleine Meerjungfrau, Opernhaus oder die Königliche Bibliothek sind nur einen Katzensprung voneinander entfernt.

◄ Die Kleine Meerjungfrau (► S. 57): die wohl meistberührte Frau der Stadt.

Muss man sich in vielen Hauptstädten der Erde mühsam von Sehenswürdigkeit zu Sehenswürdigkeit quälen, U- und S-Bahnstationen hinauf- und hinablaufen oder gar ins Auto steigen, so reichen in Kopenhagen ein Paar gute Schuhe. Ob Tivoli oder Schloss Christiansborg, Frederiksstaden oder Kleine Meerjungfrau, eigentlich ist alles problemlos zu Fuß zu erreichen.

Vergnügungspark und Königsschlösser

Der absolute Hit ist natürlich der Tivoli, Dänemarks größte Touristenattraktion und zugleich einer der beliebtesten europäischen Vergnügungsparks. Aber auch die Schlösser brauchen sich hinter ihm nicht zu verstecken. Schloss Christiansborg mit dem Parlamentssitz oder Amalienborg, Wohnort der Königin und ihres Gemahls sowie der Kronprinzen-Familie, sind ebenso ein Anziehungspunkt. Schloss Rosenborg mit seinem Kronjuwelenschatz kann immerhin pro Jahr fast 200 000 Besucher verzeichnen.

Natürlich liegt der Gedanke nahe, sich bei einem ersten Besuch die Rosinen herauszupicken, die »Musts«. Also schnell noch zur Kleinen Meerjungfrau, ein rascher Blick in den Nyhavn, noch unbedingt durch die Schlösser hasten und und und. Nichts wäre falscher! Lassen Sie sich Zeit, erobern Sie die Stadt in kleinen Schritten, wiederkommen werden Sie in jedem Fall.

So ist Amalienborg nur Teil der Gesamtanlage von Frederiksstaden: ein Ensemble, das in Europa seinesgleichen sucht. Die Frederiks Kirke, besser als Marmorkirche bekannt, gehört dazu. Ebenso wie die Bredgade mit ihren vielen schönen Häusern. Und das Kunstindustrimuseet wartet auf Sie gemeinsam mit der Alexander Newskij Kirke. Schon auf verhältnismäßig kleinem Raum gibt es genügend Attraktionen.

Alexander Newskij Kirke
► S. 112, B 12

Eine der auffälligsten Kirchen der Stadt, denn wer erwartet in Kopenhagen schon Zwiebeltürme? Sie gehören zu der in den Jahren zwischen 1881 und 1883 erbauten russisch-orthodoxen Kirche. Ins Leben rief den Bau Maria Feodorovna, besser bekannt als Dagmar, Tochter von König Christian IX., die mit dem russischen Zaren Alexander III. verheiratet war.

Indre By • Bredgade 53 • Metro: Kongens Nytorv

Amalienborg
► S. 112, C 12

Hier wohnt die königliche Familie! Bis 1689 stand an dieser Stelle bereits ein kleineres Schloss, das Sophie Amalie, die Frau Frederik III., errichten ließ und welches nach ihr Sophie Amalienborg benannt wurde. Nachdem der Bau durch einen Brand dem Erdboden gleichgemacht wurde, entstanden ab 1750 an derselben Stelle vier Rokokopalais für vier Adelsfamilien. Bereits 1794 übernahm das Königshaus die Räume, da das eigene Schloss, Christiansborg, abgebrannt war.

Das südwestliche Palais, Christian VII's Palæ, dient heute repräsentativen Anlässen. Im nordwestlichen Palais, Christian VIII's Palæ, ist ein Museum für das Glücksburgische Kö-

Begehrtes Fotomotiv: Täglich Punkt 12 Uhr findet vor Schloss Amalienborg (▶ S. 51), dem Wohnsitz der königlichen Familie, die Wachablösung statt.

nigsgeschlecht eingerichtet. Das nordöstliche Palais, Frederik VIII's Palæ, wurde 2008/2009 umfassend renoviert. Nun wohnt hier der Kronprinz mit seiner Familie. Im südöstlichen Palais, Christian IX's Palæ, residiert Königin Margrethe II. zusammen mit ihrem Mann, Prinz Henrik. Von der Gesamtanlage her gilt das von Niels Eigtved entworfene Amalienborg als ein Schmuckstück europäischer Architektur. Dennoch ist es Autofahrern gestattet, über den Schlossplatz zu fahren. Die mitten auf dem Platz platzierte Statue Frederik V. gestaltete der französische Bildhauer Jacques François Joseph Saly (1717–1776).

Ob die Königin zu Hause ist, erkennt man an der aufgezogenen Flagge. Um 12 Uhr findet dann die Wachablösung statt, während die Touristen mit Foto- und Videokameras um die besten Plätze drängeln. Besucht werden darf das Palais von Christian VIII., das im Erdgeschoss des Levetzaus Palæ eingerichtet ist. Es zeigt die Wohnräume und Reichtümer der letzten Christians.

Indre By • Amaliegade/Frederiksgade • Metro: Kongens Nytorv • www.ses.dk • Mai–Okt. tgl. 10–16, Nov.–April Di–So 11–16 Uhr • Eintritt 75 DKK

Assistens Kirkegård

▶ S. 110, A/B 7

Auf dem berühmtesten Friedhof der Stadt befinden sich die Gräber der Schriftsteller Hans Christian Andersen, Martin Andersen Nexø oder Hans Scherfig, des Philosophen Søren Kierkegaard, des Physikers Hans Christian Ørsted, der Maler Christian Købke, Joachim und P.C. Skovgaard sowie des Atomphysikers Niels Bohr.

Nørrebro • Nørrebrogade • Metro: Nørreport • www.assistens.dk • Mai–Aug.

8–20, Jan., Feb., Nov., Dez. tgl. 8–16,
März, April, Sept., Okt. tgl. 10–18 Uhr

Bakken

▶ MERIAN-Tipp, S. 46

Botanisk Have   ▶ S. 111, E/F 8

Eine der vielen grünen Lungen der
Stadt ist der 1871 bis 1874 angelegte
Botanische Garten. Im Palmenhaus
hat man vom obersten Treppenan-
satz aus einen guten Blick hinab in
den »Dschungel«.

Indre By ▪ Øster Farimagsgade
2b/Gothersgade 140 ▪ Metro: Kongens Nytorv ▪ http://botanik.snm.
ku.dk ▪ Mai–Sept. tgl 8.30–18, Okt.–
April Di–So 8.30–16 Uhr, Palmenhaus Mai–Sept. tgl 10–15, Okt.–Mai
Di–So 10–15 Uhr ▪ Eintritt frei

Børsen   ▶ S. 118, A 22

Wohl das Gebäude mit dem markan-
testen Turm der Stadt. Vier steinerne
Drachenschwänze verschlingen sich
dekorativ ineinander. Der eindrucksvolle Bau ist eines der Wahrzeichen
von Kopenhagen. Erst im 19. Jh. begann man das 127 m lange Gebäude
als Börse zu nutzen, obgleich Christian IV. es zu diesem Zweck bereits 1619
bis 1620 hatte errichten lassen. Heute
befinden sich im Inneren Büroräume.

Indre By ▪ Ved Christiansborg
Slotsplads ▪ Metro: Kongens Nytorv

Carlsberg Besøgscenter

▶ S. 115, E 16

Das Gebäude des Brauereigiganten
wurde 1847 errichtet und zu Beginn
des 20. Jh. erweitert. Bekannt sind
die Elefanten, die das Tor »stützen«.
Die 90-minütige Tour durch das Gebäude erzählt von der Geschichte der
Marken Carlsberg und Tuborg und
deren mäzenatischem Gründer.

Valby ▪ Gamle Carlsberg Vej 1 ▪
S-Bahn: Enghave ▪ www.visitcarls
berg.dk ▪ Mai–Aug. Di–So 10–17,
Do 10–19.30, Sept.–April Di–So 10–
16 Uhr ▪ Eintritt 65 DKK, Kinder frei
(inkl. zwei Getränke)

Charlottenborg   ▶ S. 118, B 21

Benannt ist das älteste Gebäude am
Kongens Nytorv nach Charlotte
Amalie, der Frau König Christian V.,
die dieses im Jahr 1700 erwarb. Errichtet wurde es allerdings bereits
1672 bis 1683 für Ulrik Frederik Gyl-
denløve, Norwegens Statthalter und
Halbbruder Christian V. Die vierflü-
gelige Anlage wird heute für Kunst-
ausstellungen genutzt. Sehenswert
ist auch der bezaubernde Garten.

Indre By ▪ Kongens Nytorv 1 ▪ Metro:
Kongens Nytorv

Christiansborg Slot ✶

▶ S. 118, A 22

Bereits 1167 entstand unter Absalon
ein zweites Schloss, über dessen Vor-
gänger nichts bekannt ist. Der Bau
verfiel mit der Zeit jedoch zusehends, und man riss ihn 1369 ab.
»København Slot«, der darauf fol-
gende Neubau, wurde mit der Zeit
immer mehr erweitert, dabei aber
kaum schöner. Deshalb entstand bis
1727 ein neues Schloss auf altem
Grund. Doch auch dieser Neubau
gefiel so wenig, dass er 1732 abgeris-
sen und durch Christiansborg er-
setzt wurde. Dieses brannte 1794
nieder. Ihm folgte ein zweites Christiansborg, das 1884 in einem Flam-
menmeer aufging, das man angeblich bis Jütland sehen konnte. Dank
Spenden aus der Bevölkerung konnte man im Jahr 1907 mit dem siebten
Schloss beginnen, das 1928 fertiggestellt war. Hier empfängt die Königin

ihre Gäste, und das Parlament (»Folketing«) tagt hier. Wer die königlichen Gemächer sehen möchte, muss sich einer Führung anschließen. Auf eigene Faust kann man jedoch die Ruinen der unter Absalon entstandenen Burg, die sich unterhalb des Schlosses befinden, erkunden und dabei

etwas über den Ursprung der Stadt lernen.

»De kongelige Stalde« beinhalten ein kleines Kutschenmuseum mit Zubehör. Aus dem Jahr 1826 stammt die Schlosskirche. Empfehlenswert ist auch ein Blick in das »Teatermuseet«, das ehemalige Hoftheater, in dem seit 1922 ein Museum eingerichtet ist. Es zeigt die Entwicklung des Theaters in Dänemark während der letzten Jahrhunderte.

Indre By • Slotsholmen • S-Bahn: København H • www.
christiansborgslot.dk
– De Kongelige Repræsentationslokaler: Mai–Sept. tgl. 10–16, Okt. – April Di–So 10–16 Uhr • Eintritt 70 DKK, Kinder 35 DKK
– Kongelige Stalde og Kareter på Christiansborg Slot: Mai–Sept. Fr–So 14–16, Okt.–April Sa, So 14–16 Uhr • Eintritt 20 DKK, Kinder 10 DKK
– Ruinerne under Christiansborg Slot: Mai–Sept. tgl. 10–16, Okt.–April Di–So 10–16 Uhr • Eintritt 40 DKK, Kinder 20 DKK
– Teatermuseet: Di, Do 11–15, Mi 11–17, Sa, So 13–16 Uhr • Eintritt 40 DKK, Kinder frei

Christians Kirke   ▸ S. 118, B 23

Als Kirche für die deutsche lutherische Gemeinde 1755 bis 1759 errichtet und damals noch Frederiks Kirke genannt. Erst 1899 übernahmen die Dänen den Sakralbau und benannten ihn 1901 um. Beachtlich sind seine architektonischen Feinheiten wie etwa die von ionischen Säulen aus norwegischem Marmor getragene Kanzel.

Christianshavn • Strandgade 2 • S-Bahn: Christianshavn • www.
christianskirke.dk • März–Okt. 8–18, Nov.–Feb. 8–17 Uhr

Danmarks Akvarium
▸ Familientipps, S. 45

Den Sorte Diamant   ▸ S. 118, A 23

Unter den Neubauten am Kopenhagener Hafen zählt der Erweiterungsbau der Königlichen Bibliothek, »Der schwarze Diamant«, schon heute zu den Meisterwerken. Das lichtdurchflutete Gebäude unmittelbar am Ufer wird auch gerne für Musikveranstaltungen genutzt.

Indre By • Søren Kierkegaards Plads 1 • Metro: Kongens Nytorv • www.kb.dk

Domhus   ▸ S. 117, E/F 18

In den Jahren 1805 bis 1815 errichtet, gilt das stattliche Gebäude, in dem bis 1903 das Rathaus untergebracht war, als eines der Meisterwerke des dänischen Architekten C. F. Hansen.

Indre By • Nytorv 25 • S-Bahn: København H

Frederiks Kirke (Marmorkirche)
▸ S. 112, B 12

Der besser als »Marmorkirche« (nach dem verwendeten Baumaterial) bekannte Bau wurde bis 1770 im klassizistischen Stil errichtet. Zu diesem Zeitpunkt halbfertig, war sie bereits dermaßen teuer geworden, dass man sie erst einmal einhundert Jahre in diesem Zustand stehen ließ. Dann

WUSSTEN SIE, DASS ...

... nach dem Einsturz des Kölner Stadtarchivs durch U-Bahn-Arbeiten auch der Ausbau der Kopenhagener Metro ins Stocken kam? Man fürchtete den Einsturz der Marmorkirche.

kaufte der Finanzmann C. F. Tietgen das Gelände und finanzierte die Vollendung der Kirche. 1894 stand schließlich die größte Zentralkirche Skandinaviens. Im Inneren der Marmorkirche fallen besonders die zwölf Apostel auf, welche die Kuppel schmücken. Draußen auf dem Dachvorsprung stehen 14 Statuen, die praktisch einen Querschnitt durch die dänische Religions- und Kirchengeschichte bilden. Unter anderem erkennt man Knud den Heiligen, den Bischof Thomas Kingo sowie den Pastor und Schriftsteller Nicolai Frederik Severin Grundtvig (▸ S. 55).

Indre By • Bredgade 63 • Metro: Kongens Nytorv

Gefion Springvand   ▸ S. 112, C 11

Auf dem Weg von Schloss Amalienborg zur Kleinen Meerjungfrau kommt jeder Kopenhagen-Besucher an dem mächtigen Gefion-Brunnen vorbei. Anders Bundgaard erbaute ihn zwischen 1897 und 1908. Er zeigt, wie die Göttin Gefion Seeland aus Schweden herausreißt. Die Legende besagt, dass ihr der schwedische König so viel Land anbot, wie sie in einer Nacht umpflügen könne. Sie nahm ihn beim Wort, verwandelte ihre vier Söhne in Ochsen und ließ sie das Land mit hundertfacher Kraft bearbeiten. Das so entstandene Loch in Mittelschweden wurde zum Vänernsee. Ihr neues Land warf die Göttin ins Meer zwischen Schweden und Fünen. So entstand die Insel Seeland, auf der Kopenhagen liegt.

Langelinieparken • S-Bahn: Østerport

Grundtvigs Kirke

▸ S. 110, nordwestl. B 5

1921 begannen die Arbeiten an der Kirche, die bis 1940 andauerten.

Wegzeiten (in Minuten) zwischen wichtigen Sehenswürdigkeiten

	Amalienborg Slot	Christiansborg Slot	Lille Havfrue	Ny Carlsberg Glyptotek	Nyhavn	Rosenborg Slot	Rundetårn	Statens Museum for Kunst	Tivoli	Vor Frelsers Kirke
Amalienborg Slot	–	20	15	25	10	20	20	25	30	35
Christiansborg Slot	20	–	30	10	15	25	15	30	15	25
Lille Havfrue	15	30	–	35	20	30	30	30	40	45
Ny Carlsberg Glyptotek	25	10	35	–	20	30	20	35	10	30
Nyhavn	10	15	20	20	–	20	15	25	25	30
Rosenborg Slot	20	25	30	30	20	–	15	10	30	45
Rundetårn	20	15	30	20	15	15	–	20	20	35
Statens Museum for Kunst	25	30	30	35	25	10	20	–	35	50
Tivoli	30	15	40	10	25	30	20	35	–	35
Vor Frelsers Kirke	35	25	45	30	30	45	35	50	35	–

Den Sorte Diamant (▸ S. 54), Teil der Königlichen Bibliothek, ist ein architektonisches Meisterwerk mit Blick auf den Christianshavn Kanal.

Durch den hellen Stein und den gotischen Stil wurde das Gotteshaus zu einem ganz eigenen Kunstwerk. Beeindruckend ist , wie sich das Licht seinen Weg durch die mächtigen Pfeiler sucht. Imponierend auch die Orgel, eine der größten in Nordeuropa.

Das architektonische Meisterstück stammt von P.V. Jensen Klint; sein Sohn Kaare vollendete den Bau nach dem Tode des Vaters im Jahr 1930.
På Bjerget/Bispebjerget • S-Bahn: Emdrup • www.grundtvigskirke.dk •

April–Okt. Mo–Sa 9–16.45, So 12–16, Nov.–März Mo–Sa 9–16, So 12–13 Uhr

Helligånds Kirke ▸ S. 117, F 18

Obgleich zentral mitten auf dem Strøget gelegen, nehmen die meisten Besucher die Kirche kaum zur Kenntnis. Die Lockungen der nahen Konsumtempel erweisen sich oft als stärker. Um 1300 entstand die Kirche als Teil einer Klosteranlage. Der älteste, nach verschiedenen Stadtbränden noch erhaltene Teil ist das Waffenhaus. Im Inneren der Kirche befindet sich Thorvaldsens Taufstein.

Indre By • Amagertorv • Metro: Kongens Nytorv

Holmens Kirke   ▶ S. 118, A 22

Um die ehemalige Schmiede für Schiffsanker herum ließ Christian IV. dieses Gottteshaus für die Schiffer unmittelbar am Kanal errichten. Mitte des 17. und Anfang des 18. Jh. erweiterte man sie erstmals und später nochmals in den 1870er-Jahren. Der Giebel stellt Kopenhagens ältestes architektonisches Renaissancewerk dar. Im Inneren besitzt die Kirche sehr schöne Malereien und einen aufwendig verzierten Altar. Nicht weniger barock nimmt sich die Kanzel aus. Sehr ungewöhnlich wirkt das 117 cm hohe Taufbecken, das auf menschlichen Füßen zu stehen scheint. Man nutzte es früher zur Taufe erwachsener Sklaven aus Afrika.

Indre By • Holmens Kanal • Metro: Kongens Nytorv • www.holmenskirke.dk • Mitte Mai–Mitte Sept. Mo–Fr 9–14, Sa 9–12, Mitte Sept.–Mitte Mai Mo–Sa 9–12 Uhr

Det kongelige Teater & Operahus
▶ S. 118, B 22/S. 119, D 21

Das Theater am Kongens Nytorv wurde 1872 bis 1874 im Stil der Neorenaissance errichtet. Die Figurengruppe über dem Portal zeigt Apollo, Melpomene (Muse der Tragödie), Pegasus und Thalia (Muse der Komödie). Vor dem Gebäude sind Ludvig Holberg, der größe Komödienverfasser, und Adam Oehlenschläger, der Meister der Tragödie, zu sehen. Auffällig ist der Anbau direkt über der Tordenskjoldsgade, der »Staren-

kasten« genannt wird. Da man den Raum aber für nicht mehr ausreichend ansah, entschied man sich für einen Opernneubau. Dieser wurde im Januar 2005 eröffnet. Gestiftet wurde er von Mærsk McKinney Møller, dem Inhaber des Mærsk Konzerns (u. a. Transport), reichster Mann des Landes. Er setzte seine Vorstellungen innen wie außen durch und zerstritt sich dabei mit fast allen Beteiligten. Ob der Bau nun gelungen ist oder nicht, darüber wird kräftig diskutiert. Am Ende des Sankt Annæ Plads ist im Februar 2008 das sehr moderne neue Schauspielhaus eröffnet worden, sodass das alte Theater an Bedeutung verloren hat.

Indre By • Kongens Nytorv 9 und Kvæsthusbroen • Metro: Kongens Nytorv Christianshavn • Dokøen • Fähre (Havebus): 901, 902 oder 903 ab Nyhavn

Den Lille Havfrue (Die Kleine Meerjungfrau) 🌟   ▶ S. 113, D 10

Nichts und niemand in Kopenhagen wird so oft fotografiert wie die Kleine Meerjungfrau. Entlehnt ist das Motiv einem Märchen Hans Christian Andersens. Den Auftrag für die Statue, die der Künstler Edvard Eriksen nach dem Gesicht der Primaballerina Ellen Price und dem Körper seiner Frau bildete, erteilte der Bierbrauer Carl Jacobsen. 1913 stellte man das Werk auf, das seither des Öfteren Misshandlungen ausgesetzt ist. Doch weder diese Missetaten noch die unzähligen Menschenmassen, die die Kleine Meerjungfrau täglich besuchen, konnten ihren sehnsüchtigen Blick hinaus auf das offene Meer trüben. Weit herumgekommen ist sie übrigens auch, von Mai bis Oktober 2010 war sie nicht in Kopenhagen, sondern auf der Expo in Shanghai zu sehen.

Indre By • Langelinie • S-Bahn: Østerport

Nyhavn ★ 9
▶ Spaziergänge, S. 72

Rosenborg Slot ⚥   ▶ S. 111, F 8

Das Schloss gehört eher zu den unscheinbareren seiner Art in Seeland. Christian IV. ließ die Anlage angeblich nach eigenen Plänen zwischen 1606 und 1617 erbauen. In den folgenden Jahren wurde es erweitert und 1759 erheblich restauriert.

Ursprünglich war der Bau als Vergnügungsschloss für Feste gedacht. Auch Christians Nachfolger Frederik III. und Christian V. nutzten es dementsprechend, und erst Frederik IV. brach mit der Tradition, ließ sich mit Frederiksberg sein eigenes Lustschloss errichten und Rosenborg unbedeutender werden.

Heute kann man durch die königlichen Räume schlendern, die 1833 zum Museum umfunktioniert wurden. Überaus eindrucksvoll ist der gigantische Rittersaal in der zweiten Etage. Jede Menge Schmuck und vor allem die Kronjuwelen kann man in der Schatzkammer besichtigen.

Umgeben wird das Schloss vom »Kongens Have«, dem königlichen Garten, der heute ebenso wie vor einhundert Jahren der Bevölkerung zum Ausspannen und Spazierengehen dient.

Indre By • Øster Voldgade • Metro: Kongens Nytorv • www.rosenborgslot. dk • Juni–Aug. tgl. 10–17, Mai, Sept. tgl. 10–16, Okt. tgl. 11–15, Nov.–April Di–Fr 11–14 Uhr • Eintritt 70 DKK, Kinder frei

WUSSTEN SIE, DASS …

… Christian IV. nicht nur als Kopenhagens Baumeister gilt (u. a. Rundetårn, Børsen, Rosenborg), sondern ihm über zwanzig eheliche und uneheliche Kinder nachgewiesen wurden?

Rundetårn ★ 6 ⚥   ▶ S. 117, F 17

Der Runde Turm, 35 m hoch und 15 m im Durchmesser, stellt ein Kuriosum dar. König Christian IV. ließ ihn 1640 bis 1642 erbauen. Statt über Treppen schreitet man auf einem gewundenen Gang nach oben. Mancher kommt dabei bald ins Keuchen. Erst auf den letzten Metern wartet noch eine sehr enge Treppe. Oben angekommen, stellt man fest, dass sich die Mühe gelohnt hat: Der Blick über die Stadt ist großartig. Katharina I., Frau Peters des Großen und spätere Zarin, ließ sich hier übrigens im Jahr 1716 mit der Kutsche hochfahren.

Indre By • Købmagergade 52a • Metro: Nørreport • www.rundetaarn. dk • Juni–Sept. tgl. 10–20, Okt.–Mai tgl. 10–17 Uhr • Eintritt 25 DKK, Kinder 5 DKK

Rådhus   ▶ S. 117, E 19

In der Geschichte der Stadt ist dieses Bauwerk aus dem Jahr 1905 bereits das siebte Rathaus in Folge. Unübersehbar ist der norditalienisch geprägte Stil des Architekten Martin Nyrop. Auf den 110,5 m hohen Turm kann man hinaufsteigen. Eine Besonderheit im Inneren des Rathauses stellt Jens Olsens »Verdensur« (J. O. Weltuhr) dar, die aus 13 verschiedenen Werken besteht, welche synchron laufen und somit die Zeit an jedem Ort der Erde anzeigen können. 1995 restaurierte man den Rathausplatz und gestaltete ihn völlig neu. Der schwarze Busterminal gilt allerdings als städtebaulicher Schandfleck und wird bald einer Metrostation weichen müssen.

Indre By • Rådhuspladsen • S-Bahn: København H • www.kk.dk •

– Weltuhr: Mo–Fr 8.30–16.30, Sa 10–13 Uhr • Eintritt 10 DKK, Kinder 5 DKK

– Rathaus: Mo–Fr 10–15 Uhr • Eintritt frei

– Turm: Juni–Sept. Mo–Fr 11, 14, Sa 12, Okt.–Mai Mo–Sa 12 Uhr • Eintritt 20 DKK • Führungen: Mo–Fr 15, Sa 10 Uhr • Eintritt 30 DKK

Tivoli 3

▸ Familientipps, S. 46

Trinitatis Kirke   ▸ S. 117, F 17

Die an der Seite des Runden Turms errichtete Kirche wurde 1656 eingeweiht. Unter ihrem Dach entstand die Universitätsbibliothek, da der Bau als Studentenkirche konzipiert war. 1728 jedoch ging das Gebäude in Flammen auf. Kirche und Bibliothek wurden später erneut aufgebaut. 1985 restaurierte man den Sakralbau eingehend und richtete zwei Jahre später Ausstellungsräume für ein historisches Museum ein.

Indre By • Landemærket • Metro: Nørreport

Universitet   ▸ S. 117, E/F 17

1497 wurde die Universität begründet und konnte nach der Reformation in Gebäude in der Nørregade einziehen. 1731 wurden hier Wohnungen für Studenten und Professoren eingerichtet. Das Hauptgebäude zum Frue Plads hin erbaute man 1831 bis 1836.

Indre By • Vor Frue Plads • Metro: Kongens Nytorv

Vor Frelsers Kirke   ▸ S. 118, C 23

Sind Sie schwindelfrei? Dann sollten Sie es wagen, die außen verlaufenden 150 Stufen auf den Kirchturm hinaufzusteigen, um von dort aus einen herrlichen Blick über Kopenhagen zu genießen.

1995 wurde der Turm, der 1752 auf die gegen Ende des 17. Jh. fertiggestellte Kirche gesetzt wurde, vollständig restauriert. Die Idee zu dem Bauwerk mit seiner Weltkugel und der Christusfigur entlehnte der Architekt der Kirche S. Ivo della Sapienza in Rom. Auch das Innere der Kirche ist sehenswert. Die Orgel ruht auf zwei Elefanten, der Altar ist reich ausgeschmückt, der Taufstein aus kostbarem Marmor, und an den Wänden entlang ranken sich Stuckverzierungen.

Christianshavn • Dronningensgade • S-Bahn: Christianshavn • April–Aug. 11–16.30, Sept.–März Mo–Sa 11–15.30, So 12–15.30 Uhr • Eintritt Turm 20 DKK, Kinder 10 DKK

Vor Frue Kirke   ▸ S. 117, F 18

Eine erste Kirche an dieser Stelle wurde 1316 von einer größeren abgelöst. Diese brannte 1728 nieder, und deren Nachfolgerin vernichtete das englische Bombardement im Jahr 1807. Der heutige Dom (Frauenkirche) war schließlich 1811 fertiggestellt und verdankt sein Aussehen dem Baumeister Christian Frederik Hansen. In das klassische Gesamtbild fügen sich Bertel Thorvaldsens Apostelfiguren und die Jesusstatue nahtlos ein.

Indre By • Nørregade • Metro: Nørreport

Museen und Galerien
Kopenhagens museale Szene ist breit gefächert. Das Angebot reicht von Wissenschaft bis Erotik, von etablierter und avantgardistischer Kunst bis hin zu Kuriositäten.

◂ Das Statens Museum for Kunst (▸ S. 65) bietet auch junger etablierter Kunst eine anspruchsvolle Plattform.

Das bekannteste Museum Kopenhagens liegt nördlich der Stadt, im kleinen Ort Humlebæk. **Louisiana** **10** (▸ S. 81) heißt die Sammlung für moderne Kunst, die Dänemark als Museumsstandort weltweit berühmt gemacht hat und international als Vorbild für neue Museumsbauten dient. Und noch zwei weitere berühmte Museen liegen vor den Toren der Stadt, das **Karen Blixen Museum** (▸ S. 81) in Rungsted. Und südlich von Kopenhagen mit Arken ein Museum für moderne Kunst aus dem skandinavischen Raum.

Doch auch Kopenhagen selbst hat viele klassische und auch originelle Museen zu bieten. Da gibt es die **Ny Carlsberg Glyptotek** **8** mit ihrer Sammlung antiker Statuen. Von hier aus erreicht man schnell das **Nationalmuseum**, das einen Querschnitt durch die dänische Geschichte gibt.

Das Museumsangebot der Stadt ist überwältigend. Insofern gilt die Devise: »Weniger ist mehr«. Kunstinteressierte können an einem Tag allenfalls die **Hirschsprungske Samling** und **Statens Museum for Kunst** **9** (▸ S. 65)bewältigen. Wer mehr über die Geschichte des Landes und der Stadt erfahren will, für den bieten sich das Arbejdermuseet und das Frihedsmuseet an. Wer das Besondere liebt, besucht das **Dansk Jødisk Museum** oder das **Dansk Design Center.** Nicht zu vergessen die oft leicht übersehenen Museen wie das Musikmuseum und das Orlogsmuseet.

Über die hier dargestellten Museen hinaus gibt es noch eine ganze Reihe weiterer Museen in und um Kopen-

hagen. Einige von ihnen liegen in den Randgemeinden, andere warten mit sehr eigenartigen Öffnungszeiten auf. In dem Heft »Copenhagen this week« sind die aktuellen Öffnungszeiten aufgelistet. Sinnvoll kann auch der Erwerb der Copenhagen Card (▸ S. 101) sein.

MUSEEN

Arbejdermuseet   ▸ S. 117, E 17

Ein angenehm kleines Museum, das die Geschichte der dänischen Arbeiter und den Kampf um ihre Rechte dokumentiert. Alte Einrichtungen, nachgestellte Szenen aus dem Arbeiterleben, Bilder und andere Dokumente sowie eine historisch gestaltete Gaststätte.

Indre By • Rømersgade 22 • Metro: Nørreport • www.arbeidermuseet.dk • tgl. 10–16 Uhr • Eintritt 50 DKK, Kinder frei

Arken   ▸ S. 83, b 3

Ein höchst kontrovers diskutiertes Museum am südlichen Stadtrand in Ishøj. Das Gebäude selbst ist für die einen ein genialer, an einen Schiffsrumpf erinnernder Entwurf, für andere eine beleidigende Erinnerung an deutsche Bunker aus dem Zweiten Weltkrieg. Im Inneren wird in weiten, verschachtelten Räumen Gegenwartskunst vor allem aus Skandinavien gezeigt. Neben Louisiana das derzeit faszinierendste Museum der Stadt.

Ishøj • Skovvej 100 • S-Bahn: Ishøj • www.arken.dk • Di, Do–So 10–17, Mi 10–21 Uhr • Eintritt 85 DKK

Dansk Arkitektur Center

▸ S. 118, B/C 22

Ein in einem alten Speicher in Christianshavn direkt am Wasser liegendes Museum mit kommerziellem

Hintergrund. Denn hier wird die Qualität dänischer Architektur und Baukunst in Bildern und Modellen nicht nur gepriesen, um den Besucher zu erfreuen, sondern auch in der Hoffnung, dadurch Aufträge aus aller Welt zu erhalten.

Christianshavn • Strandgade 27b • Metro: Christianshavn • www.dac. dk • Do–Di 10–17, Mi 10–21 Uhr • Eintritt 40 DKK, Kinder frei

Dansk Design Center

▸ S. 117, E/F 19

Dieses Center will Sammelpunkt aller im Bereich Design Arbeitenden sein, bietet Besuchern aber auch wechselnde Ausstellungen über dänische Designgeschichte, bestimmte Marken oder Tendenzen. Wenn man bedenkt, wie innovativ dänisches Design war und ist, von Radios über Lampen bis hin zu Mode, dann wird deutlich, wie faszinierend ein Besuch des Centers sein kann.

Indre By • H.C. Andersens Boulevard 27 • S-Bahn: København H • www. ddc.dk • Mo, Di, Do, Fr 10–17, Mi 10–21, Sa, So 11–16 Uhr • Eintritt 50 DKK, Kinder frei

Dansk Jødisk Museum

▸ S. 118, A 22

Das Museum sammelt unterschiedlichste Gegenstände zum jüdischen Leben in Dänemark. Bücher und Bilder sind ebenso darunter wie Kunsthandwerk.

Indre By • Proviantpassagen 6 • Metro: Kongens Nytorv • www.jew mus.dk • Di–Fr 13–16, Sa, So 12–17 Uhr • Eintritt 50 DKK, Kinder frei

Davids Samling   ▸ S. 112, A 12

Mit Geschick und Glück baute der Jurist C. L. David eine berühmte Kollektion auf, die auch eine der interessantesten Sammlungen islamischer Kunst in Europa beinhaltet. David nutzte den Umstand, dass viele Juden vor der Flucht vor den Nazis gezwungen waren, ihren Besitz zu verkaufen. Und auch vermögende dänische Großgrundbesitzer wurden während des Zweiten Weltkrieges vom Staat gezwungen, Werte abzugeben. Doch statt des erhofften Landes opferten sie lieber Kunstgegenstände, die David erwarb und die hier zu sehen sind. Außerdem frühes Porzellan aus Meißen und von der Kongelige Porcelainsfabrik.

Indre By • Kronprinsessegade 30 • Metro: Kongens Nytorv • www.david mus.dk • Di, Fr–So 13–17, Mi, Do 10–17 Uhr • Eintritt frei

Den Hirschsprungske Samling

▸ S. 111, F 7

Ein kleines, feines Museum, das alle Berühmtheiten dänischer Malkunst unter seinem Dach vereint. Eckersberg und Købke, Kristian Zahrtmann und Johannes Larsen, Vilhelm Kyhn und Dankwart Dreyer. Es macht Spaß, durch die geschmackvoll zusammengestellte Sammlung zu schlendern. Zusammengetragen hat sie der Tabakfabrikant Hirschsprung, der sie 1902 dem Staat schenkte. Zwischen 1908 und 1911 wurde das Gebäude errichtet, 1999 renoviert.

Indre By • Stockholmsgade 20 • Metro: Nørreport • www.hirschsprung. dk • Mo, Mi–So 11–16 Uhr • Eintritt 50 DKK, Kinder frei, Mi frei

Den Kongelige Afstøbningssamling

▸ S. 112, C 12

Einen Moment lang ist man vielleicht irritiert, wenn man den »Da-

Für das avantgardistische Konzept des Innenausbaus des Dansk Jødisk Museums
(▶ S. 62) zeichnete der Stararchitekt Daniel Libeskind verantwortlich.

vid«, der doch eigentlich in Florenz stehen sollte, am Kopenhagener Hafen sieht. Die königliche Abgusssammlung zeigt Abgüsse bedeutender Skulpturen aus aller Welt, für die Sie sonst extra nach Griechenland, Italien, Frankreich oder Ägypten fahren müssten.
Indre By • Vestindisk Pakhus, Toldbodgade 40 • Metro: Kongens Nytorv • Mi 10–20, So 14–17 Uhr • Eintritt frei

Det Nationale Fotomuseum
▶ S. 118, A 23

Großartige Sammlung dänischer Fotografie von den Anfängen bis heute, aber auch Weltstars moderner Fotografie sind zu sehen. Das Museum liegt in der Königlichen Bibliothek (»Den Sorte Diamant«).
Indre By • Søren Kirkegaardsplads 1 • Metro: Kongens Nytorv • Mo–Sa 10–19 Uhr • Eintritt 40 DKK, Kinder frei

Experimentarium 2
▶ Familientipps, S. 45

Frihedsmuseet ▶ S. 112, C 11–12
Die Feiern und Reden zum Tag der Befreiung, die anlässlich des 60. Jahrestages 2005 gehalten wurden, haben nochmals gezeigt, wie sehr die Dänen während des Zweiten Weltkrieges unter der deutschen Besatzung gelitten haben. Eindringlich wird in dem Museum diese Zeit anhand historischer Dokumente dargestellt und der dänischen Widerstandskämpfer gedacht.
Indre By • Churchillparken • S-Bahn: Østerport • www.natmus.dk • Mai–Sept. Di–So 10–17, Okt.–April Di–So 10–15 Uhr • Eintritt frei

Geologisk Museum ▶ S. 111, F 8
Wer sich für die Geologie Dänemarks interessiert, ist hier richtig. Der ganze Stolz des Hauses besteht

in einer außergewöhnlichen Sammlung von Meteoriten.

Indre By • Øster Voldgade 5–7 • Metro: Kongens Nytorv • http://geologi.snm.ku.dk • Di–So 13–16 Uhr • Eintritt 40 DKK, Kinder 25 DKK

Kunstindustrimuseet
▶ S. 112, C 12

Kunstgewerbe aus Europa und Übersee in überbordender Fülle ist in diesem Museum anschaulich zusammengestellt. Für Interessierte mit Vorkenntnissen stellt die Sammlung sicher einen Leckerbissen dar. Andere könnten ob der Menge Orientierungsprobleme haben.

Indre By • Bredgade 68 • S-Bahn: Østerport • www.kunstindustrie museet.dk • Di–So 11–17 Uhr • Eintritt 60 DKK, Kinder frei, Mi frei

Københavns Bymuseum & Søren Kierkegaard Samlingen
▶ S. 116, B 19

Die Sammlung zeigt Dokumente, Bilder und Modelle zur Entwicklung Kopenhagens.

Vesterbro • Vesterbrogade 59 • S-Bahn: København H • tgl. 10–16 Uhr • Eintritt 20 DKK, Kinder frei

Livgardens Historiske Samling
▶ S. 111, F 8

Seit fast 350 Jahren schützt die königliche Leibgarde König und Königin. Dieses Museum zeigt die Geschichte der Wache. Übrigens startet die Wache täglich um 11.20 Uhr von hier aus zur Ablösung Richtung Schloss Amalienborg, wo viele Schaulustige der Zeremonie beiwohnen.

Indre By • Gothersgade 100 • Metro: Nørreport • Mai–Okt. Di 11–15, So 11–15, Nov.–April So 11–15 Uhr • Eintritt frei

Musikhistorisk Museum & Carl Claudius' Samling
▶ S. 117, F 17

Obwohl zentral gelegen, gehört dieses Museum ungerechtfertigterweise zu den weniger beachteten. Die Sammlung enthält Instrumente aus aller Welt und allen Musikepochen. Z. Zt. ist das Museum wegen Umbauarbeiten geschlossen.

Indre By • Åbenrå 30 • Metro: Nørreport • www.natmus.dk

Nationalmuseet
▶ S. 117, F 19

Ein klassisches Geschichtsmuseum, das in schönen und sehr sorgfältig ausgestatteten Räumen einen Überblick über die Geschichte des Landes verschafft. Vergleichbar mit Schloss Frederiksborg in Hillerød.

Indre By • Ny Vestergade 10 • S-Bahn: København H • www.natmus.dk • Di–So 10–17 Uhr • Eintritt frei

Ny Carlsberg Glyptotek ⭐
▶ S. 117, E/F 19

Ein Traum von einem Museum, selbst wenn man sonst kein besonderes Faible für antike Kunst besitzt. Carl und Ottilia Jacobsen, Inhaber der Carlsberg-Brauerei, ließen das venezianisch anmutende Gebäude zwischen 1892 und 1895 errichten. 1906 und 1996 wurde es erweitert. Helle, großzügig und großartig ausgestaltete Räume bilden den idealen Rahmen für die Skulpturen aus Ägypten, Griechenland und Italien. Eine Sammlung mit Werken Rodins, großartige französische Malerei und eine eindrucksvolle Sammlung etruskischer Kunst runden die Ausstellung ab.

Indre By • Dantes Plads 7 • S-Bahn: København H • www.glyptoteket.dk • Di–So 11–17 Uhr • Eintritt 60 DKK, Kinder frei

Ordrupgaardsamlingen
▶ S. 112, nördl. B 9

Auch dieses Museum ist der Initiative eines Privatmannes zu verdanken. Der Versicherungsdirektor Wilhelm Hansen stellte sich eine Sammlung aus dänischen Goldaltermalern und französischen Künstlern wie Degas, Pissaro und Monet zusammen. 1951 bekam der Staat die außergewöhnlich schönen Kunstwerke geschenkt.
Charlottenlund • Vilvordevej 110 • S-Bahn: Ordrup • www.ordrupgaard.dk • Di, Do, Fr 13–17, Mi 13–19, Sa, So 11–17 Uhr • Eintritt 85 DKK

Orlogsmuseet
▶ S. 118, C 23

Hier geht es um die Marine in friedlichen wie in kriegerischen Zeiten. Historische Modelle und Bilder vermitteln einen guten Einblick, unter anderem auch in die Stadtgeschichte.
Christianshavn • Overgaden oven Vandet 58 a • S-Bahn: Christianshavn • www.orlogsmuseet.dk • Di–So 12–16 , Juli tgl. 10-16 Uhr • Eintritt 40 DKK, Kinder frei

Politihistorisk Museum
▶ S. 110, C 7

Geschichte der Polizei und Verbrecher in Dänemark, die spektakulärsten Fälle, Uniformen, Dokumente, alles zu sehen in Kopenhagens erster Wache. Ungewöhnlich wie spannend.
Nørrebro • Fælledvej 20 • Metro: Nørreport • www.politimuseum.dk • Di, Do, So 11–16 Uhr • Eintritt 30 DKK, Kinder frei

Statens Museum for Kunst 🔴
▶ S. 111, F 7

1996 wurde dieses Museum für einen großen Erweiterungsumbau geschlossen und im November 1998 wieder eröffnet. Ein lichtdurchfluteter weißer Bau ragt nun hinter dem alten Gebäude in den Park Østre Anlæg hinein. Die Resonanz fiel sehr unterschiedlich aus, die dänische Architekturkritik fand den Anbau mehrheitlich jedenfalls missraten. Das ursprüngliche Gebäude wurde übrigens 1889 bis 1896 nach Plänen von Vilhelm Dahlerup gebaut.
Natürlich ist hier ein hervorragender Querschnitt durch die dänische Kunst zu finden. Das Goldalter (Købke, Eckersberg, Bendz) ist überreich vertreten, natürlich auch die Skagenmaler (Anna und Michael Ancher, P.S. Krøyer), die Bornholmer Schule (Zahrtmann, Isakson, Weie, Høst) ebenso wie die Fünenmaler (Larsen, Syberg, Nielsen).
Das Museum zeigt auch international renommierte Größen des 20. Jh. wie Asger Jorn, Per Kirkeby und Richard Mortensen. Und die jüngeren Etablierten wie Peter Bonde und Troels Wörsel. Aber auch andere Skandinavier, Deutsche, Niederländer und nun vor allem Franzosen sind gut vertreten. Hervorragend ist die Sammlung niederländischer Kupferstiche. Durch umfangreiche Umbauten im Inneren werden bis Mitte 2012 wechselnde Teile des Museums geschlossen bleiben.
Indre By • Sølvgade 38–40 • Metro: Nørreport • www.smk.dk • Di, Do–So 10–17, Mi 10–20 Uhr • Eintritt frei, Sonderausstellungen Eintritt 95 DKK, Kinder frei

Thorvaldsens Museum
▶ S. 117, F 18

Er ist der bekannteste dänische Bildhauer – Bertel Thorvaldsen, 1770 geboren und 1793 für seine ersten Arbeiten mit einem Stipendium nach

Rom belohnt. Dort blieb er 45 Jahre lang und stieg bald zur Elite der neo-klassizistischen europäischen Bild-hauer auf. Königshäuser und Päpste bestellten bei ihm. Thorvaldsen musste bald Helfer einstellen, die in seinem Namen Skulpturen und Re-liefs anfertigten. 1838 kam der Künstler nach Kopenhagen zurück und bezog sein Atelier bei Præstø an der Ostküste Seelands. Auch das Mu-seumsgebäude ist bemerkenswert. Indre By • Porthusgade 2 • Metro: Kongens Nytorv • www.thorvaldsens museum.dk • Di–So 10–17 Uhr • Ein-tritt 20 DKK, Kinder frei, Mi frei

Tøjhusmuseet
▶ S. 118, A 23

Waffen, Waffen und nochmals Waf-fen, von 1400 bis heute. Eine der um-fangreichsten Sammlungen zu die-sem Thema überhaupt.
Indre By • Tøjhusgade 3 • S-Bahn: Kø-benhavn H • www.thm.dk • Di–So 12–16 Uhr • Eintritt 30 DKK, Kinder frei

GALERIEN

Asbæk
▶ S. 118, B 21

Beliebte Galerie – handelt mit inter-national bekannten Dänen wie dem

---

MERIAN-Tipp **9**

GALLERI CHRISTINA WILSON
▶ S. 112, C 12

Qualitativ anspruchsvolle Gegen-wartskunst aus dem In- und Aus-land wird in einem alten Industrie-komplex gezeigt. Hier hat man ein gutes Gespür für die Namen von morgen.
Indre By • Esplanaden 8 b • S-Bahn: Østerport • www.christinawilson. net • Di–Fr 12–17, Sa 12–15 Uh

---

Surrealisten Wilhelm Freddie, aber auch mit jüngeren wie Peter Bonde.
Indre By • Bredgade 23 • Metro: Kon-gens Nytorv • www.asbaek.dk • Mo–Fr 11–18, Sa 11–16 Uhr

Bredgade Kunsthandel
▶ S. 112, C 12

Sehr große Auswahl klassischer Mo-derne aus Dänemark, zunehmend aber auch Gegenwartskunst.
Indre By • Bredgade 67–69 • Metro: Kongens Nytorv • www.bredgade-kunsthandel.dk • Di–Fr 13–18, So 11–15 Uhr

Clausens Kunsthandel
▶ S. 118, C 21

Eine der bekanntesten und besten Galerien der Stadt. Sehr breites Gra-fikangebot, auch Keramik.
Indre By • Toldbodgade 9 • Metro: Kongens Nytorv • www.clausens-kunsthandel.dk • Di–Sa 11–17 Uhr

Galerie Mikael Andersen
▶ S. 118, B 21

Besonders bekannt für das Angebot an Skulpturen junger Dänen.
Indre By • Bredgade 63 • Metro: Nør-report • www.mikaelandersen.com • Di–Fr 12–18, Sa 11–15 Uhr

Galerie Birthe Laursen
▶ S. 118, B 21

Bekannte und noch nicht so bekann-te dänische Gegenwartskünstler mit Malerei, Foto, Skulptur und Video.
Indre By • Bredgade 30 • Metro: Kon-gens Nytorv • www.birthelaursen. com • Mi–Fr 12–18, Sa 10–14 Uhr

Galleri Bo Bjerggaard
▶ S. 117, D 20

Galerie mit moderner Kunst von Per Kirkeby, Georg Baselitz, Markus Lü-

Den antiken Skulpturen aus Ägypten, Griechenland und Italien geben die prachtvoll gestalteten Räume der Ny Carlsberg Glyptotek (▶ S. 64) einen würdigen Rahmen.

pertz und deren Zeitgenossen sowie Fotokunst.
Vesterbro • Flæsketorvet 85 A • S-Bahn: København H • www.bjerggaard.com • Di–Fr 12–18, Sa 11–15 Uhr

Galleri Tom Christoffersen

▶ S. 117, F 18

Die Galerie konzentriert sich stark auf Fotokunst und Video, aber auch auf junge internationale Kunst.
Indre By • Skindergade 5 • Metro: Nørreport • www.tomchristoffersen.

com • Mi, Do 12–18, Fr 12–20, Sa 12–15 Uhr

Galleri Christian Dam

▶ S. 118, B 21

Expressive Malerei, zum Teil auch Surrealisten und Abstrakte.
Indre By • Bredgade 23 • Metro: Nørreport • www.christiandam.com • Mo–Fr 12–15, Sa 12–17 Uhr

Galerie Edeling   ▶ S. 118, A 21

Moderne Kunst mit Namen wie Ro bert Jacobsen und Jens Søndergaard.

Indre By • Gammel Mønt 39 • Metro: Kongens Nytorv • Tel. 33 14 17 55 • www.galerieedeling.com • geöffnet nach Absprache

Galleri Egelund ▸ S. 117, F 17

Dänische und ausländische Gegenwartskunst, vor allem Expressionismus und Konstruktivismus dominieren hier. Enge Zusammenarbeit mit Skandinaviens größter Galerie, der Galerie Moderne in Silkeborg.

Indre By • Bredgade 75 • Metro: Kongens Nytorv • www.gce.nu • Mo–Fr 11–18, Sa 11–15 Uhr

Galleri Henrik Kampmann
▸ S. 118, A 21

Dänische Kunst des 20. Jh., insbesondere der zweiten Hälfte.

Indre By • Gothersgade 31 • Metro: Kongens Nytorv • www.gallerikampmann.dk • Di–Fr 12–17.30, Sa 11–14 Uhr

Galleri Krebsen ▸ S. 117, D/E 18

Junge, meist noch nicht bekannte skandinavische Künstler.

Indre By • Studiestræde 17a • S-Bahn: Vesterport • http:// galleri.krebsen.net • Di–Fr 12–18, Sa 11–15 Uhr

Galleri Nicolai Wallner
▸ S. 118, A 24

Junge Avantgarde, von der Zeichnung bis zum Video.

Christianshavn • Njalsgade 21, byg. 15 • Metro: Islands Brygge • www.nicolaiwallner.com

Galleri Python ▸ S. 112, B 12

Der Schauspieler und Künstler Leif Sylvester, ein Freund kräftiger Farben, stellt hier in seiner Galerie eigene Werke aus, zeigt aber auch Malerei jüngerer Kollegen.

Indre By • Borgergade 91 • www.python.dk • Metro: Kongens Nytorv • Do 12–18, Sa 10–14 Uhr

Galleri Sct. Gertrud ▸ S. 117, F 18

Etwas ganz Besonderes, denn hier wird Gegenwartskunst von den Færøern gezeigt: ungewöhnliche Impressionen von Natur und Licht.

Indre By • Knabrostræde 1a • S-Bahn: København H • www.gallerisctgertrud.dk • Di–Fr 10–18, Sa 11–14 Uhr

Galleri Susanne Ottesen
▸ S. 117, F 17

Hier hält man sich an Namen, die neu, aber bereits etabliert sind, wie Per Kirkeby oder Bjørn Nørgaard.

Indre By • Gothersgade 49 • Metro: Kongens Nytorv • www.susanneottesen.dk • Di–Fr 10–13, 14–18, Sa 11–15 Uhr

Galleri Weinberger ▸ S. 117, F 18

Konkrete Kunst bis hin zum Minimalismus, aber auch expressive Abstrakte. Unter anderen Preben Hornung und Richard Mortensen.

Indre By • Valkendorfsgade 13 • Metro: Kongens Nytorv • www.galleriweinberger.dk • Di–Fr 11–18, Sa 12–16 Uhr

Politikens Galleri ▸ S. 117, E 18

Die dänische Zeitung »Politiken« gibt regelmäßig Drucke bekannter dänischer Künstler heraus. Da in sehr hohen Auflagen hergestellt, kostet ein Sonderdruck nur 75 DKK. Wer mehr anlegen möchte, kann sich durchs Grafikangebot wühlen.

Indre By • Rådhuspladsen 37 • S-Bahn: København H • www.politikens-dk/galleri • Mo–Fr 8.30–16.30 Uhr

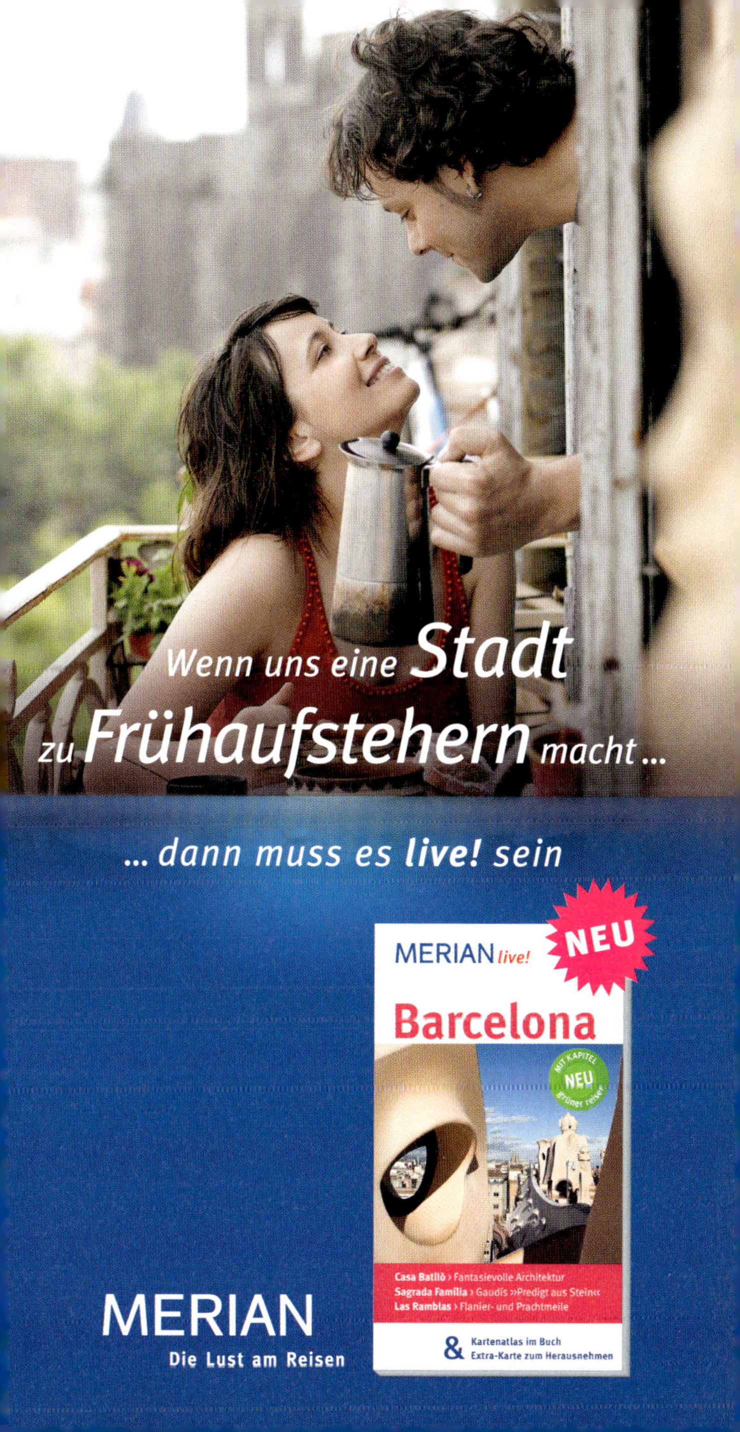

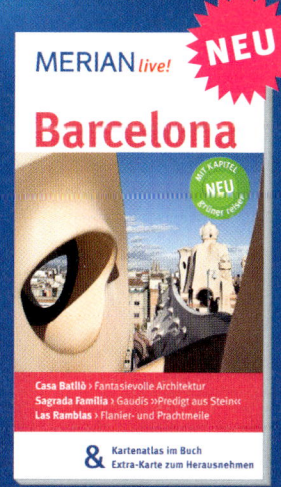

Wenn uns eine **Stadt** zu **Frühaufstehern** macht ...

... dann muss es **live!** sein

Der Amagertorv war einst der Marktplatz
der Stadt. Heute ist er vor allem in den
Sommermonaten ein beliebter Treffpunkt
der Kopenhagener.

Spaziergänge
und Ausflüge

Zu den Schlössern im Norden oder zum Dom in Roskilde? Wer aus der Stadt hinaus ins Grüne will, wird das Umland, das bis Schweden reicht, zu schätzen wissen.

Vom Gammeltorv zum Nyhavn ⚹ – Durch den historischen Stadtkern

CHARAKTERISTIK: Der Spaziergang führt durch den historischen, gut erhaltenen Kern der Stadt. Besucher kommen an Wohnungen bekannter Persönlichkeiten und ehemals finsteren Ecken vorbei **DAUER:** 1,5 Stunden **LÄNGE:** ca. 6 km **EINKEHRTIPP:** Cap Horn, Nyhavn 21, Tel. 33 12 85 04, www. caphorn.dk, tgl. 9–23 Uhr €€€ **KARTE ▶ S. 73**

Der Start dieses Spaziergangs ist der **Gammeltorv**, der älteste Platz der Stadt. Einst ein beliebter Handelsplatz, treffen sich Jugendliche heute gerne rund um den Springbrunnen, der zwischen 1607 und 1609 entstand und damit Kopenhagens ältester ist. Im Haus Nr. 20 findet man übrigens das »Huset med den grønne træ«, eines der urigsten Kopenhagener »Smørrebrød«-Restaurants.

Nytorv ▶ Højbro Plads

Vom Gammeltorv kommt man auf den **Nytorv**. Er verdankt seine Existenz, wie so viele Bauwerke der Stadt, Christian IV. Ursprünglich stand hier das **Rathaus**, das 1475 errichtet wurde und 1728 niederbrannte. Und auch den Nachfolgebau, den vierten seiner Art, ereilte im Jahre 1795 dieses Schicksal. Seitdem diente der große, freie Platz als Handelsstätte für Markttreibende und während des 17. und 18. Jh. bisweilen auch als Richtstätte für Auspeitschungen. Erwähnenswert ist Haus Nr. 25, bis 1903 das fünfte Rathaus Kopenhagens. Hinter ihm geht es in die kleine Slutterigade. Dort befand sich einst das Gefängnis, das **Arresthuset**. Weiter links liegt die **Hestemøllestræde**, wo im Haus Nr. 2 Constanze Mozart, die Witwe des Komponisten, lebte. Sie heiratete 1809 in Wien den dänischen Diplomaten Georg Nicolaus Nissen, der später als Mozart-Biograf bekannt wurde. Sehr schön sind die Fassaden in **Vandkunsten**, insbesondere das 1803 bis 1807 klassizistisch umgestaltete Haus Nr. 8. Dann sind Sie auch schon am Frederiksholmen Kanal. Wenn Sie möchten, statten Sie dem Nationalmuseum einen Besuch ab, um tiefer in die Geschichte Dänemarks einzusteigen. Ansonsten laden die Anlagen von **Schloss Christiansborg** ein. Zu einem geschichtlich orientierten Spaziergang gehört natürlich ein Abstieg in die **Katakomben.** Hier kann man die Grundmauern des ersten Schlosses von Bischof Absalon erkennen. Wenn Sie genügend Zeit haben, können Sie auch noch das benachbarte **Thorvaldsens Museum** besichtigen.

Weiter geht es in die Straße **Ved Stranden**. In dem klassizistischen Haus Nr. 14 wurde 1885 der spätere Nobelpreisträger Niels Bohr geboren. Auch das Haus Nr. 18 verdient Beachtung. Hier befand sich einst mit dem **Hotel Royal** eines der führenden Häuser der Stadt. Kein Geringerer als Hans Christian Andersen traf sich hier mit den von ihm ergebnislos Angebeteten, wie etwa der schwedischen Nachtigall Jenny Lind.

Højbro Plads ▶ Nikolaj Kirke

Nun stehen Sie vor dem **Højbro Plads**, der nach dem großen Stadtbrand von 1795 angelegt wurde. Die

1902 errichtete Statue von Absalon zu Pferde erinnert an den Stadtgründer. Über die Fortunstræde erreichen Sie den **Nikolaj Plads**. Hier sammelte man regelmäßig die Sklaven, die aus den überseeischen Besitzungen hertransportiert wurden. Im 17. Jh. erstreckte sich von dem Platz aus bis zum Wasser hin die Wohngegend der Matrosen, **Bremerholm**. Nachdem die Schiffer jedoch mehr und mehr in das Viertel Nyboder zogen, wurde aus Bremerholm die Armengegend.

Anfang des 20. Jh. vertrieb man mittels Sanierung die Bewohner und versuchte stattdessen kultivierte Schöngeister anzuziehen, die in den diversen Kneipen ausgiebig dem Nachtleben frönten. **Minefeltet** nannte man das Viertel damals, Minenfeld. Heute sieht man in den zahlreichen Restaurants und Gaststätten vor allem Parlamentarier und Geschäftsleute.

Die Kirche des Viertels wurde bei dem Brand von 1795 stark in Mitlei-

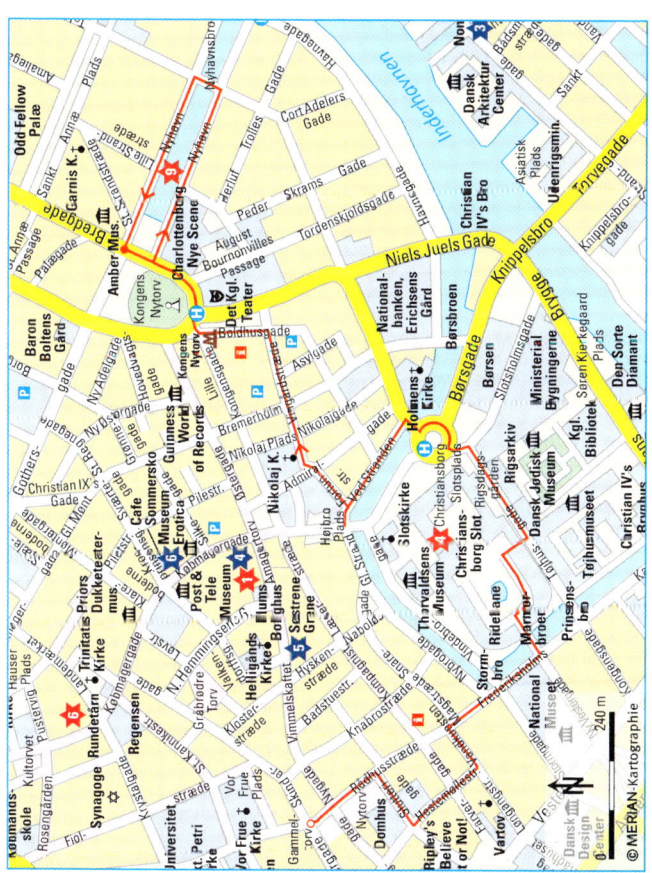

denschaft gezogen. So diente die **Ni-kolaj Kirke** im Verlauf der Jahre mal als Feuerwache oder als Bibliothek und heute als Galerie und Café.

Jetzt gehen Sie die Fortunstræde und die Vingårdstræde hinunter. Auf der anderen Straßenseite kann man das **Königliche Theater** sehen, das von 1872 bis 1874 im Stil der Neorenais-

Im Königlichen Theater (▶ S. 57) regie-ren Schauspiel, Oper und Ballett.

sance erbaut wurde. An seiner Vor-derseite kommen Sie am **Kongens Nytorv** vorbei. Ursprünglich befand sich das östliche Stadttor am Ende der Østergade, also dort, wo die heu-tige Fußgängerzone Strøget auf den Platz trifft. Erst mit der Stadterweite-rung unter Christian IV. wurde das Østerport verlegt. Christian V. ließ 1670 aus der ungenutzten Fläche den Platz **Kongens Nytorv** entstehen. Seine Statue ist mit den Figuren der Artemis und der Minerva sowie Ale-

xanders des Großen und Herkules verziert. Sie sollen Ehre, Klugheit, Edelmut und Stärke verkörpern.

Das älteste Haus mit der Nr. 1 ent-stand zwischen 1672 und 1683. Haus 3 bis 5 wurde 1779 bis 1780 als Lehr-beispiel für Studenten der Architek-tur errichtet. Und Nr. 4, das zweitäl-teste Haus am Platze, ist heute der Sitz der französischen Botschaft.

Kongens Nytorv ▶ Nyhavn

Von hier biegen Sie ein in den **Nyhavn** 🟥9 (»neuer Hafen«). König Frederik III. ließ 1671 Kongens Ny-torv und den Hafen durch einen Ka-nal verbinden. In die Häuser am Ufer dieser neu geschaffenen Wasserstra-ße zogen Kaufleute ein, die ihre Schiffe somit direkt vor der Tür ver-täuen konnten. Auf der schattigen Seite des Nyhavn ist heute nur wenig los. Auf der Sonnenseite des Nyhavn tobt dagegen das Leben. Kneipen und Restaurants reihen sich anei-nander, an schönen Tagen scheint sich ganz Kopenhagen hier zu ver-sammeln. Nur einzelne Geschäfte er-innern noch an die Seefahrt. Das äl-teste Haus am Nyhavn ist die Nr. 9. Im Haus Nr. 11 entwarf Poul Hen-ningsen seine berühmten ph-Lam-pen. Geschichtsträchtig ist auch das Haus Nr. 15, wo sich während der Besatzungszeit die Flüchtlinge auf ihrem Weg nach Schweden sammel-ten. Friedrich Kuhlau, der Kompo-nist der Musik des Nationalschau-spiels »Elverhøj«, bewohnte zwi-schen 1811 und 1831 die Nr. 23. Haus 63 beherbergte Personen wie den Ballettmeister August Bournonville und verschiedene dänische Schrift-steller und Schauspieler. Zwischen 1845 und 1864 lebte auch Hans Christian Andersen auf der sonnigen Seite des Nyhavn im Haus 67.

Rundgang durch Frederiksstaden – Ein architektonisches Meisterwerk

CHARAKTERISTIK: Ein Spaziergang durch das architektonisch reizvollste Viertel der Stadt. Außerdem können Sie die Königin und die eindrucksvolle Marmorkirche besuchen sowie einen Blick auf die neue Oper auf der anderen Wasserseite werfen

 **DAUER:** ca. 2 Stunden **LÄNGE:** ca. 7 km **EINKEHRTIPP:** Café Toldboden, Amaliegade 41, www.cafetoldboden.dk, Mo–Fr 11–15 Uhr €€ **KARTE ▸ S. 77**

Dieses Viertel bildet die geschlossenste Einheit im ganzen Stadtbild. Und eine der schönsten. Als Krönung und wirklich repräsentativen Ausdruck der 300-jährigen Herrschaft der Oldenburger Linie plante Monarch Frederik V. im Jahr 1749 den nach ihm benannten neuen Stadtteil.

Als Baugelände diente der Platz, auf dem 1689 Schloss Sophie Amalienborg abgebrannt war. Das Land verschenkte der König an Bauwillige, jedoch unter bestimmten Bedingungen: Die Gebäude sollten innerhalb von fünf Jahren fertiggestellt sein, der harmonische Gesamtplan musste eingehalten, das Fundament zur Verminderung der Brandgefahr gemauert und die Fenster in gleicher Höhe eingebaut werden. Unter der Leitung des dänischen Adeligen Adam Gottlob Graf Moltke und des Architekten Nicolai Eigtved (1701–1754) wurde das Vorhaben erfolgreich durchgeführt.

Sankt Annæ Plads ▸ Esplanaden

Heute bildet das Viereck zwischen Sankt Annæ Plads, Bredgade, Esplanaden und Toldbodgade ein geschlossenes, harmonisches und großzügiges Ensemble. Am besten beginnt man den Spaziergang an **Sankt Annæ Plads**, wo das neue Schauspielhaus errichtet wurde. Von

hier geht es in die **Amaliegade.** Das Haus Nr. 9, **Den collinske Gård**, wurde 1751 bis 1752 errichtet. Jonas Collin, der Gönner Hans Christian Andersens, erwarb es 1838. Im Haus Nr. 10 hatte der Tivoli-Inhaber Georg Carstens seinen Wintertivoli, das Casino, eingerichtet. Bekannt wurde das Etablissement mit der Zeit als Theater, aber auch als Ort politischer Debatten.

Ein besonders schönes Haus im Viertel, die Nr. 18, entstand 1764 und wurde durch seinen klassizistischen Stil Vorbild für viele andere Häuser der Stadt. Dann stehen Sie schon vor **Schloss Amalienborg**. Vielleicht haben Sie Glück, und es ist gerade Zeit für einen Wachwechsel.

Weiter geht es die Amaliegade hinauf. Fast jedes Haus am Straßenrand hat seine eigene kleine Geschichte, wie die italienische Botschaft in der Nr. 19 oder der **Morten Fårums Gård** in Nr. 21. Im Haus 22 verstarb 1850 der große Tragödienschreiber Adam Oehlenschläger und 15 Jahre darauf der Verlierer des dänisch-preußischen Krieges, General Christian de Meza.

Haus Nr. 49, das Eckhaus zur Esplanade, besitzt ein schönes Relief aus der Werkstatt des jungen Thorvaldsen. Links geht es in die Esplanade. **Esplanaden 34** war Wohnsitz der

Eine der 18 Figuren vor der Marmorkirche (▶ S. 54) zeigt Martin Luther.

Geliebten Frederiks VI., Frederikke Benedikte Rafsted. Im Volksmund hieß das Haus nur »Der kleine Hof«. Zwei Jungen und zwei Mädchen waren das Ergebnis gemeinsamer Leidenschaft.

Bredgade ▶ Marmorkirche

Kurz danach erreichen Sie die **Bredgade**, die Straße der Kunst- und Antiquitätenhändler. Sie kommen am **Kunstindustrimuseet** vorbei, bis 1910 ein Hospital. Nr. 64 ist die **Sankt Ansgars Kirke.** Am 7. Juni 1989 besuchte Johannes Paul II. den Dom der dänischen Katholiken, woran eine Gedenktafel erinnert. Die Academia Chirurgorum Regia, die Chirurgische Akademie, war im zwischen 1785 und 1787 entstandenen Haus Nr. 62 untergebracht. Heute befindet sich hier das **Medizinisch-Historische Museum**, wo man sich einer Führung anschließen kann (Mi–Fr, So 11 und 13 Uhr in deutscher Sprache, kostenlos). Nr. 60 ist der imposante, nach einem Kaufmann benannte **Titkens Gård**, mit

einer Justitia vor dem Haus. Dann stehen Sie an der Kreuzung zur **Fredericiagade**. Eine bewegte Geschichte hat Haus 24 hinter sich. Ursprünglich als Theater gedacht, wurde es aufgrund erfolgloser Aufführungen zur Akademie umgewandelt und 1861 schließlich zu einer Kaserne. Nachdem im Jahre 1884 Christiansborg niedergebrannt war, zog das Parlament ein. Nachdem dieses 1918 das Gebäude verlassen hatte, diente es als Lazarett und seitdem als Gericht, **Østre Landsret**.

Nach der Alexander Newskij Kirke und der Marmorkirke in der Bredgade kommen Sie zum Haus 54, dem **Dehns Palæ**. Auch dieses Gebäude beherbergte so manchen berühmten Bewohner, wie etwa Prinzessin Louise Augusta, deren Vater angeblich Johann Friedrich Struensee, der Geliebte der Königin Caroline Mathilde, war. Ab 1871 schrieb das Gebäude Musikgeschichte, denn Dänemarks wichtigster Klavierbauer Hornung & Møller zog hier ein. Am Bernstorffs Palæ vorbei laufen Sie geradewegs auf die mächtige Kuppel der **Marmorkirke** zu.

Als **Odd Fellow Palæ** (benannt nach dem Odd Fellow Orden) ist das Gebäude in der Bredgade 28 bekannt. Ende des 18. Jh. wurde das Haus als eine Art »Salon« bekannt. Graf Heinrich Ernst Schimmelmann, zeitweilig auch Finanzminister, lud mit Ehefrau Charlotte zu Gesprächen und Musik ein. Hier trafen sich König, Adel, Diplomaten und Wohlhabende. Einer der Höhepunkte war 1787 die Aufführung der Vertonung von Jean Racines Schauspiel »Athalie« durch den Deutschen J. A. P. Schulz. Einige Adelige ließen es sich nicht nehmen, wichtige Partien selbst zu singen. Dass alles in Deutsch geschah, rief bei vielen Dänen allerdings Verärgerung hervor. 1888–1889 wurde in Rekordzeit ein großer Konzertsaal für 1500 Personen eingerichtet, der Umbau ging so schnell, weil man vor dem Winter noch das Dach fertigstellen wollte. Bedeutende Musikaufführungen für breite Bevölkerungsschichten prägten nun das Leben. Grieg, Bartok und Rachmaninow sind nur einige der Komponisten, die sich einfanden. Leonard Bernstein spielte hier 1965 Carl Nielsens 3. Symphonie für eine Schallplatte ein. 1992 zerstörte ein Brand den Saal. Heute finden noch ab und an in einem 210 Personen fassenden Saal Konzerte statt.

Tolbodgade ▶ Den Kongelige Afstøbningssamling

Nun sind Sie zurück am Sankt Annæ Plads, an dessen Ende einst die Schiffe nach Bornholm und Oslo ablegten. Nach Oslo geht es nun vom weiter nördlich gelegenen Frihavn. Stattdessen dominiert das neue Schauspielhaus (Skuespilhuset) die Szenerie, bespielt vom Königlichen Theater, und auf der anderen Uferseite zieht das avantgardistische Opernhaus alle Blicke auf sich. Das Straßenbild hat sich hier radikal gewandelt. Sie gehen nun links bis zum Wasser und in die Toldbodgade. Hier stehen noch einige interessante sogenannte Packhäuser der Gesellschaft Grønlandske Handel, die an Dänemarks Bedeutung im Überseehandel erinnern. Das blaue Haus 36, **Det blå Pakhus**, wurde 1781 bis 1783 errichtet und besteht heute aus Eigentumswohnungen. Das Gleiche gilt für das gelbe Haus 38, **Det Gule Pakhus**. Nr. 40, **Vestindisk Pakhus**, beherbergt Den Kongelige Afstøbningssamling

Christianshavn – Charme der Vergangen-heit und neue Lebensformen

CHARAKTERISTIK: Ein Spaziergang der Gegensätze; reizvolle Häuserzeilen und die Vor Frelsers Kirke stehen im Kontrast zum Freistaat Christiania. Aber der ist  längst auch Touristenattraktion **DAUER:** 2 Stunden **LÄNGE:** ca. 7 km **EINKEHRTIPP:** Chr. 4–tal, Strandgade 14, Tel. 35 11 04 04, www.chr4tal.dk, Mo–Sa 11–17 Uhr €€ **KARTE ▸ S. 79**

Christianshavn erinnert mit seinen Grachten ein wenig an Amsterdam. Durchschreitet man die Straßen, so kann man sich nicht des Eindrucks erwehren, dass die Zeit hier vorübergehend stehen geblieben ist. Errichtet wurde es 1617 bis 1622 unter Christian IV. Alle Straßen verlaufen im Schachbrettmuster. Von Stadtbränden verschont, konnte der Ortsteil in einigen Straßenzügen seine altertümliche Atmosphäre bewahren. Zur Jahrhundertwende kamen einige neuere Häuser hinzu, da die Bausubstanz des ehemaligen Armenviertels nicht mehr zu retten war.

Langebro ▸ Christiania

Durch zwei Brücken, die **Langebro** und die **Knippelsbro**, wird Christianshavn mit dem Zentrum verbunden. Sie beginnen den Spaziergang an der Langebro und gehen auf der anderen Seite des Wassers hinunter zur Langebrogade. Vorbei an den Büros der Danisco A/S biegen Sie zunächst in die Straße Overgaden oven Vandet ein. Dann geht es in die Sofiegade, rechts in die Dronningensgade und wieder zurück über Christianshavn Voldgade und Amagergade. Achten Sie auf Haus Nr. 2, das **Asyl for Smaabørn**, ein Heim für Kleinkinder, das 1847 bis 1848 für die Kopenhagener Asylgesellschaft errichtet wurde. Mitte des 19. Jh. wohnten allein in dieser kleinen Straße über

1000 Menschen. Weiter laufen Sie bis zur Torvegade, biegen auf der anderen Straßenseite in die Christianshavns Voldgade und in die Sankt Annæ Gade ein. Hier wartet die **Vor Frelsers Kirke** auf Ihren Besuch. Danach geht es über die Prinsessegade gen Norden zum Eingang des Freistaats **Christiania**.

1971 besetzten Jugendliche hier ein vom Militär verlassenes Areal. Straßenschlachten waren die Folge. Tolerieren oder Räumen war die im Parlament oft gestellte Frage. Heute wird der Freistaat geduldet, doch Konflikte mit der Polizei gibt es immer wieder. Werfen die Christianitter der Polizei vor, sie würde Kontrollen in unnötiger Härte durchführen, so behaupten die Behörden, dass hier der Drogenhandel blühe. Zwar bekennen sich die Bewohner offen zum Haschischkonsum, lehnen jedoch jede Form von harten Drogen strikt ab. Leider führen die Selbstverwaltung des Freistaates und die hier scheinbar herrschende Gesetzeslosigkeit auch dazu, dass sich so mancher einnistet, auf den die Christianitter gut verzichten könnten. Einige Besuchern der ersten Stunde verließen den Freistaat bereits. Kurioserweise avanciert Christiania zur Touristenattraktion. Mit Kameras bewaffnete Besucher steigen aus den Reisebussen, um »echte

Haschraucher« abzulichten. Mittlerweile ist gerichtlich entschieden worden, dass der Staat Christiania räumen kann. Mit der Wirtschaftskrise ist das Interesse an diesem Filetgrundstück vorerst erloschen.

Zurück ins bürgerliche Leben. Über die Brobergsgade kommt man zurück zur Overgaden oven Vandet und zur Sankt Annæ Gade und danach über die Snurrebro in die Wildersgade. Hier können Sie im noblen, mit einem herrlichen Garten gesegneten »Kanalen« pausieren oder später in der Strandgade im »Chr. 4-tal« sich zur dänischen »frokost« niederlassen. Die Strandgade bietet mit die ältesten Häuser Kopenhagens. In Nummer 30 malte Vilhelm Hammershøj (1864–1916) viele seiner grautönigen Bilder. Im Wohnkomplex 37–67 wohnt übrigens Smilla in Peter Høegs Roman »Fräulein Smillas Gespür für Schnee«. Kurz danach gelangt man zum Außenministerium (1977–1980 erbaut) und spaziert über die Knippelsbro wieder zurück ins Zentrum.

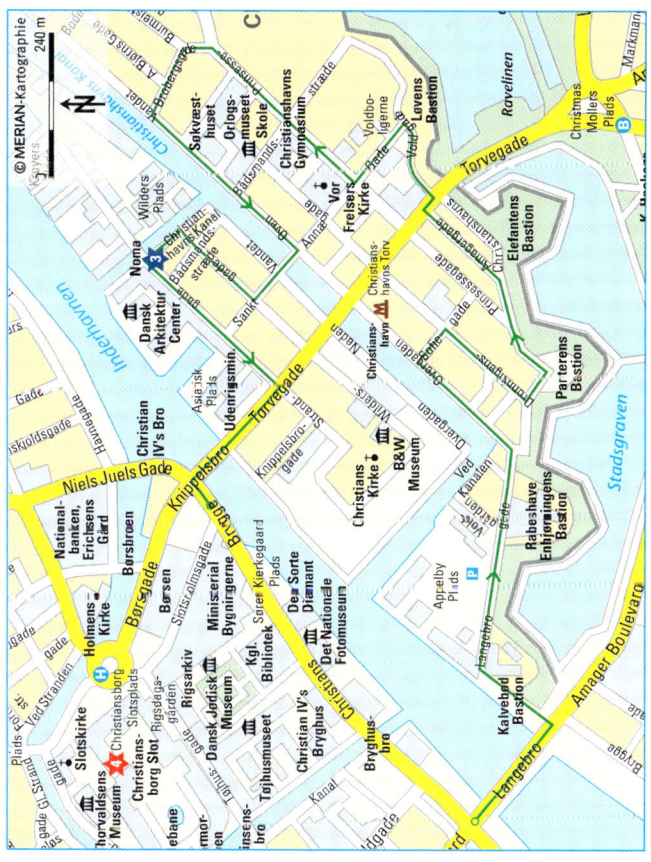

Frederiksberg – Grüne Stadt in der Stadt

CHARAKTERISTIK: Inmitten Kopenhagens befindet sich diese selbstständige Stadt mit ihren weitläufigen Grünanlagen und Biergärten. Bei schönem Wetter gibt kein schöneres Ausflugsziel **DAUER:** 2 Stunden **LÄNGE:** ca. 5 km **EINKEHR-**

TIPP: Hansens Gamle Familienhave, Pile Allé 10–12, Tel. 36 30 92 57, www.hansenshave.dk, tgl. 11–21.30 Uhr €€ **KARTE**
▸ S. 114/115, D 15

Mitten in Kopenhagen gelegen, ist der Stadtteil Frederiksberg eine eigenständige Gemeinde mit eigenem Bürgermeister, eigenem Rathaus, schönen Villen, reichen Bewohnern und niedrigen Steuersätzen.

Frederiksberg Runddel ▸
Carlsberg Brauerei
Am Frederiksberg Runddel fällt die achteckige Kirche auf. Sie wurde 1732 bis 1734 nach einem Entwurf des Niederländers Felix Dusart gebaut. In **Den Danske Revymuseum** sind Requisiten zum Thema »Leichte Unterhaltung« wie Varietee und Musical versammelt. Interessant ist auch das **Storm P.-Museet.** Der Schauspieler Robert Storm Petersen (1882–1949) wurde mehr durch seine witzigen Zeichnungen bekannt, die im Museum ausgestellt sind.

Lust auf eine Pause? Dann bieten sich drei Gärten an: »Krøgers Have«, »M. G. Petersens Gamle Familiehave« und »Hansens Gamle Familiehave«. Weiter geht es auf der Pile Allé. Vielleicht wollen Sie sich noch nach ein paar Antiquitäten umsehen: Im »Frederiksberg Auktionshus« ist regelmäßig Vorbesichtigung (Nr. 15), aktuelle Infos unter www.samler boersen.dk. Ansonsten bietet sich der Besuch einer der renommiertesten Galerien der Stadt an, nämlich der von Max Seidenfaden (Nr. 55). Dann geht es links in die Rahbeks Allé, und man trifft bald auf ein Schild

zum **Bakkehuset.** Dieses ist eines der ältesten Häuser der Stadt und bekannt geworden als Künstlertreffpunkt. Heute erinnern die originalgetreu erhaltenen Ausstellungsräume an jene Zeit. Von hier aus kann man durch den Garten gehen und steht schon vor der **Carlsberg Brauerei** mit ihrem imposanten Elefanten-Portal. Wer nun Durst auf ein Bier hat oder sich über Braukunst informieren möchte, kann sich im Carlsberg Besøgscenter einer 90-minütigen Führung anschließen und Bier probieren. Vom Tor aus gehen Sie die Straße ein kleines Stück hinauf und schräg gegenüber in den Park. Ein breiter Weg führt quer hindurch. Am Roskildevej angekommen, können Sie den **Zoo** besuchen.

Zoologisk Have ▸
Frederiksberg Have
Oder Sie schauen sich das Frederiksberg Slot zumindest von außen an. Hier ließ Frederik III. im Jahre 1663 für seine Töchter einen Hof mit Park errichten (»Frederiksberg Have«). Drumherum siedelte man Bauern aus Amager an. Hinter dem Schloss halten Sie sich links und spazieren immer am Zaun des Zoos entlang.

Dem Ausgang am Søndre Fasanvej folgen Sie nicht, sondern halten sich in Richtung Parkmitte. So erreichen Sie das sehr schöne »Chinesische Sommerhaus«. Von hier aus geht es zurück zum Frederiksberg Runddel.

AUSFLÜGE IN DIE UMGEBUNG

Rungsted, Louisiana und Helsingør – Perlen in Nordseeland

CHARAKTERISTIK: Der Ausflug in den »Whiskygürtel« und darüber hinaus beschert Sehenswertes erster Güte, denn Karen Blixens Haus, Knud Jensens Kunsttempel und Hamlets Schloss sind jedes für sich schon eine Reise wert **ANFAHRT:** im Norden Kopenhagens auf der 152 halten, ab Helsingør auf der 237 **DAUER:** Tagesausflug **LÄNGE:** ca. 100 km **EINKEHRTIPPS:** Madam Sprunck, Stengade 48, Helsingor, Tel. 49 26 48 49, www.madamsprunck.dk, Café tgl. 11.30-24 Uhr, Restaurant tgl. 18–24 Uhr €€€€ • Søstrene Olsen, Øresundsvej 10, Hornbæk, Tel. 49 70 05 50, www.sostreneolsen.dk, tgl. 12–16, 18–21 Uhr €€€ **AUSKUNFT:** Helsingør Turistbureau, Havnepladsen 3, www.visithelsingor.dk **KARTE ▶ S. 83, b 1/2**

Die Anfahrt nach Charlottenlund, dem ersten Ziel des Ausflugs, erfolgt über die beliebte Straße 152 (▶ MERIAN-Tipp, S. 81). Biegen Sie links in den Hvidørevej, dann in den Vilvordevej. Kurz darauf erreichen Sie das Kunstmuseum **Ordrupgaard**. Wilhelm Hansen verdiente Anfang des 20. Jh. viel Geld als Chef einer Versicherungsgesellschaft und legte dieses in erstklassiger dänischer und französischer Malerei an.

Weiter geht es nach **Rungsted**, einem kleinen, gepflegten Hafenort. Hier lebte bis zu ihrem Tode im Jahr 1962 die Schriftstellerin Karen Blixen. Die Offizierstochter zog 1913 nach Kenia, wo sie mit ihrem Mann eine Kaffeefarm betrieb und sich in den Briten Denys Finch Hatton verliebte. Nachdem die Farm in Konkurs gegangen und Finch Hatton bei einem Flugzeugabsturz ums Leben gekommen war, kehrte sie 1931 nach Dänemark zurück. Sie veröffentlichte unter ihrem eigenen Namen ebenso wie unter den Pseudonymen Isak Dinesen und Tania Blixen. Zu ihren bekanntesten Werken gehören »Sieben fantastische Erzählungen«, »Babet-

tes Fest« und »Afrika, dunkel lockende Welt«. Das Leben der Autorin wird mit Fotos, Briefen und Büchern im **Karen-Blixen-Museum** ausführlich dokumentiert. Ebenfalls besichtigen kann man ihre Wohn-

MERIAN-Tipp **10**

STRASSE 152 ▶ S. 83, b 3

Hinter Hellerup beginnt eine der schönsten – und im Sommer meistbefahrenen – Straßen Dänemarks. Direkt am Öresund fährt man Richtung Norden. Während sich die Sonne auf dem Wasser spiegelt und am Horizont Schweden gut erkennbar ist, stehen auf der anderen Straßenseite teuerste Villen Seit' an Seit'. Hier im »Whiskygürtel« wohnt das Geld. Wälder, Museen, Restaurants und Jachthäfen bieten sich für eine Pause an. Bei so vielen herrlichen Ausblicken muss man nur aufpassen, dass man nicht ins Träumen gerät und dem Vordermann versehentlich ins Auto fährt.

räume und das Arbeitszimmer sowie ihre Grabstelle im Garten.

Als nächste Station können Sie **Nivå** anpeilen. Denn die **Nivaagaards Malerisamling** beinhaltet eine eindrucksvolle Sammlung von Malerei in Dänemark. Johannes Hage widmete sich bereits um 1900 herum dem Aufbau der Kunstsammlung mit Werken älterer Malerei, vor allem aus den Niederlanden und Italien, sowie heimischen Künstlern, wobei Hages Schwerpunkt auf den sogenannten Goldaltermalern (1810–1850) lag.

Ein weiteres Muss für Kunst-Fans liegt auf dem Weg nach Norden: **Louisiana** 🔟 , das Museum für moderne Kunst in **Humlebæk**. Unmittelbar am Öresund steht der Museumskomplex, der auch durch seine Architektur fasziniert. Helle, weite, immer wieder unterschiedlich ausgestaltete Räume machen einen Besuch zum Genuss. 1958 eröffnete Knud W. Jensen sein Museum. Louisiana bietet einen repräsentativen Querschnitt durch die Kunst des 20. Jh., von Moore bis Lichtenstein, von Giacometti bis Warhol. Die circa fünf Sonderausstellungen pro Jahr ziehen Besucher von weit her an.

Louisiana ▶ Helsingør

Nächster Stopp ist **Helsingør**. Berühmt ist die Stadt für ihr **Schloss Kronborg**, wo Shakespeare seinen Hamlet spielen ließ. Es entstand Anfang der 1420er-Jahre unter der Herrschaft von König Erik von Pommern, der den Öresundzoll eingeführt hatte. Bis 1857 musste jedes Schiff, das durch den Sund wollte, Zoll bezahlen. Zur Überwachung der Zahlungen diente das Schloss. Im 16. Jh. baute man es erheblich um. Doch ein Brand im September 1629 vernichtete das Gebäude fast vollständig. Dank des Sundzolls konnte sich der Staat jedoch einen sofortigen Wiederaufbau leisten, der 1637 fertiggestellt war. 1785 wurde das Schloss zur Kaserne. Erst 1922 zogen die Soldaten wieder ab. Heute kann man durch die **Katakomben** wandern und Holger Danske begrüßen, der hier unten schläft, bis Dänemark einmal in Gefahr geraten und er dem Land helfen wird. Der Legende nach wurde der Wikingersohn zu Karl dem Großen

geschickt, um die Kriegskunst zu lernen. Nachdem er in einer Schlacht 300 Männer erschlagen hatte, kniete er nieder und versank in Schlaf. Oder man spaziert durch die Schlossräume mit ihren zum Teil riesigen Ausmaßen. Das hier eingerichtete Seefahrtsmuseum hat sich selbstredend der dänischen Seefahrt verschrieben.

INFORMATIONEN

Karen Blixen Museet

Rungsted Kyst • Rungsted Strandvej 111 • www.karen-blixen.dk • Mai–Sept. Di–So 10–17, Okt.–April Mi–Fr 13–16, Sa, So 11–16 Uhr • Eintritt 60 DKK, Kinder frei

Kronborg Slot ⚓

Helsingør • Mai–Sept. tgl. 10.30–17, April, Okt. Di–So 11–16, Nov.–März Di–So 11–15 Uhr • Eintritt 95 DKK, Kinder 25 DKK

Louisiana

Humlebæk • Gammel Strandvej 13 •
www.louisiana.dk • Di–Fr 11–22, Sa,
So 11–18 Uhr • Eintritt 95 DKK, Kinder frei

Nivaagaards Malerisamling

Nivå • Gammel Strandvej 2 • www.

nivaagaard.dk • Di–Fr 12–16, Sa, So
11–17 Uhr • Eintritt 45 DKK, Kinder frei

Ordrupgaard

Charlottenlund • Vilvordevej 110 •
www.ordrupgaard.dk • Di, Do, Fr 13–
17, Mi 13–19, Sa, So 11–17 Uhr •
Eintritt 85 DKK, Kinder frei

Zwischen Frederikssund und Fredensborg – Schlösser, Schießpulver und Künstler

CHARAKTERISTIK: Wenn die Herrscher Kopenhagen verließen, dann zog es sie hierhin. Viel Grün und prachtvolle Bauten bieten auch jetzt Entspannung und Faszination pur **ANFAHRT:** auf der Motorvej 16 bis Farum, weiter auf der 207 Richtung Frederikssund **DAUER:** Tagesausflug **LÄNGE:** ca. 150 km **EINKEHRTIPP:** La Perla, Torvet 1, Hillerød, Tel. 48 24 35 33, www.laperla.dk, Di–Sa 11.30–23.30 Uhr €€€ **AUSKUNFT:** Fredensborg-Humlebæk, Slotsgade 2, Tel. 48 48 21 00, www.visitfredensborg.dk • Frederiksværk, Turistbureau Gjethuset, Gjethusetsgade 5, Tel. 47 72 30 01, www.frvturist.dk **KARTE ▶ S. 83, a 2**

Nach dieser Fahrt weiß man, weshalb die Könige Seelands Norden so liebten. Welch herrliche Landschaft! Erste Station auf dem Ausflug ist **Frederikssund**, ein geschützt am Roskildefjord liegendes Städtchen, das als Hafenstadt für Slangerup entstand. Bekannt ist die Stadt vor allem für ihre **Wikingerfestspiele**, die Ende Juni/Anfang Juli stattfinden. Eine weitere Attraktion von Frederikssund stellt das **J. F. Willumsens Museum** dar. Willumsen (1863–1958) war ein vielseitig begabter Künstler, der nicht nur malte, sondern sich auch noch mit Keramik, Fotografie und Architektur befasste. Er lebte viele Jahre in Südfrankreich und schuf ein großes, von verschiedenen Farbexperimenten geprägtes und sehr lebhaftes Werk.

6 km westlich der Stadt liegt **Jægerspris Slot**, das im 14. Jh. als Abrahamstrup bekannt war. Unter Christian IV. und im 18. Jh. wurde das Schloss mehrfach ausgebaut. 1854 kaufte Frederik VII. das Schloss für seine Gemahlin, die Gräfin Louise Danner. Heute kann man sowohl den Schlossgarten mit seinen 54 Gedenksteinen für verdiente Männer des dänischen Königreichs und dem Grab der Gräfin Danner als auch das Schloss mit seinen Erinnerungen an die Gräfin und Heimgeschichte besichtigen.

Frederikssund ▶ Hillerød

Von hier aus geht es weiter nach **Frederiksværk**. 1717 baute man einen Kanal von Dänemarks größtem See, dem **Arresø**, zum Roskildefjord. 1756 ließ sich dann der aus Norwegen stammende Generalmajor J. F. Classen hier nieder und errichtete eine Schießpulverfabrik. Kanonen wurden gebaut und weitere Metall verarbeitende Fabriken eröffnet. Im 19. Jh. war Frederiksværk zu einem wichtigen Industriestandort geworden. Heute ist dagegen wieder Beschaulichkeit eingekehrt. An vergangene Zeiten erinnert das **Krudtværks Museet**, ein Freilichtmuseum, in dem man in einigen Häusern die damaligen Arbeitsverhältnisse anschaulich nachgestellt hat.

Dann fahren Sie nach **Hillerød**, dessen Glanzstück **Frederiksborg Slot** ist. Frederik II. ließ das Gebäude in den 1560er-Jahren erweitern. Christian IV. schließlich gab Anfang des 17. Jh. den Auftrag, seinen Geburtsort Frederiksborg zu einem prunkvollen Schloss zu gestalten. Bereits ein Jahrhundert später war es mit der großen Pracht vorbei, und die Herrscher vergnügten sich lieber in anderen Schlössern, womit Frederiksborg dem Verfall preisgegeben war. Erst Frederik VII. fand wieder Gefallen an dem Schloss und ließ es renovieren. Ein Großbrand im Jahre 1859 vernichtete das Gebäude nahezu. Die gesamte Nation sammelte nun, um das Gebäude wiederherzustellen. 1865 waren die Mauern wieder aufgebaut. Das Geld für die Innenausstattung spendierte der Bierbrauer J. C. Jacobsen, der hier das **National-historiske Museet**, ein nationalhistorisches Museum, einrichtete. Saal für Saal wird die Landesgeschichte fortgeschrieben, mit Porträts, großen Gemälden und Mobiliar. Sehr eindrucksvoll ist auch die Schlosskirche, in die man von der Galerie her hineinschauen kann. Umgeben wird das Schloss von einem weitläufigen Barockgarten. Rund um das Gelände befinden sich zahlreiche Einkehrmöglichkeiten für eine Pause.

Letzte Station ist **Fredensborg**. König Frederik IV. ließ die »Friedensburg« 1722 zum Gedenken an das Ende des Großen Nordischen Krieges im Jahr zuvor errichten. Auch Christian VI. war oft und gerne hier und ließ das »Freizeit«-Schloss Mitte des 18. Jh. zu einer der am schönsten ausgestatteten Residenzen des Landes erweitern. Heute dient das Gebäude der königlichen Familie als Sommerresidenz. Während der Park das ganze Jahr über betreten werden darf, ist das Schloss nur im Juli mit einer Führung zu besichtigen.

INFORMATIONEN

Fredensborg Slot

Juli tgl. 13–16.30 Uhr • Eintritt 50 DKK, Kinder 20 DKK, Kombiticket mit Parkbesuch 75 DKK, Kinder 30 DKK

Jægerspris Slot

Frederikssund • www.kongfrederik. dk • April–Okt. Di–Sa 11–16 Uhr, Zugang nur mit Führung zu jeder vollen Stunde • Eintritt 50 DKK, Kinder 10 DKK

Frederiksborg Slot (▶ S. 84): bedeutendstes Bauwerk nordischer Renaissance.

Krudtværks Museet

Fredriksværk • Krudtværksalléen 1 • Juni–Mitte Sept. 12–16 Uhr • Eintritt 40 DKK, Kinder frei

Nationalhistoriske Museum 🍴👫

Hillerød • Frederiksborg Slot • www.frederiksborgmuseet.dk • April–Okt. 10–17, Nov.–März 11–15 Uhr • Eintritt 60 DKK, Kinder 15 DKK

J. F. Willumsens Museum

Frederikssund • Jenriksvej 4 • www. jfwillumsensmuseum.dk • Di–So 10–17 Uhr • Eintritt 40 DKK, Kinder 15 DKK

Køge und Roskilde: Geschichtsträchtige Nachbarn

CHARAKTERISTIK: Ein Ausflug auf den Spuren dänischer Historie, denn hier zeugen Funde von der Wikingerzeit und finden Dänemarks Monarchen ihre letzte Ruhe **ANFAHRT:** Nach Køge geht es auf der E 47 oder auf der Landstraße 151. Nach Roskilde wieder auf die E 47 nordwärts fahren, ab der Anschlussstelle 31 Solrød/Roskilde weiter auf der Nr. 6 **DAUER:** Tagesausflug **LÄNGE:** ca. 70 km **EINKEHRTIPP:** Restaurant Christians Minde, Brogade 7, Køge Tel. 56 63 68 56, www.chr-minde.dk, Mo–So 11.30–22 Uhr €€ **AUSKUNFT:** Køge, Turistbureau, Vestergade 1, www.koegeturist.dk • Roskilde Egnens Turistbureau, Gullandsstræde 15, www.destination-roskilde.dk **KARTE ▸ S. 83, a 4/a 3**

Einen ganzen Tag sollte man für den Besuch dieser beiden Städte auf jeden Fall einplanen. Höhepunkt ist der Dom in Roskilde.

Die Fahrt führt in den Süden. Die Kopenhagener Vororte Hvidovre, Ishøj oder Brøndby gehören nicht gerade zu städteplanerischen Schmuckstücken. Ishøj hat allerdings mit »Arken« ein Museum für moderne Kunst zu bieten. Gemütlich geht es dafür in der nächsten größeren Stadt zu: Køge.

Trotz des starken Wachstums der Stadt in den Außenbezirken hat man den Stadtkern erfreulicherweise erhalten können. Im Mittelalter profitierte die Stadt von ihrer günstigen Lage und wuchs rasch. Ein großer Stadtbrand im Jahr 1633 und ein den Hafen vernichtender Sturm 1709 bremsten jedoch die Entwicklung des florierenden Køge. Erst im 19. Jh. ging es wieder aufwärts, und dank der Eisenbahnverbindungen erlangte die Stadt als Handelszentrum für das südöstliche Hinterland große Bedeutung. Ausgangspunkt für einen kleinen Spaziergang ist der große mittelalterliche Marktplatz. Um ihn herum sammeln sich viele gut erhaltene Fachwerkhäuser. An seinem Rand verläuft auch die Fußgängerzone. Auch hier können Sie vor allem in der **Kirkestræde**, der **Vestergade** und der **Brogade** historische Bauten sehen, die teilweise mit wunderschönen Hinterhöfen ausgestattet sind.

Die Skt. Nikolai Kirke mit ihrem um 1324 errichteten Turm gehört zu den am reichsten geschmückten Kirchen auf Seeland. Der 1652 vom Bildschnitzer Lorentz Jørgensen geschaffene Altar stellt das Prunkstück dar, doch auch die mit sehr schönen Reliefs ausgestattete Kanzel ist einen Blick wert. Ein typisches Stadtmuseum ist das **Køge Museum** mit historischen Dokumenten, Funden und Modellen aus Stadt und Umgebung. Ungewöhnlicher ist das **KØS**, das Museum für Kunst im öffentlichen Raum. Dieses Museum sammelt Skizzen und Modelle zu Auschmückungen in öffentlichen Gebäuden, sodass man die Entwicklung bis hin zum fertigen Werk verfolgen kann.

Nach **Roskilde** ist es von hier aus nicht weit. Drei Dinge haben diese Stadt bekannt gemacht: der **Dom**, das **Wikingerschiffsmuseum** und das seit 1970 jährlich Ende Juni/Anfang Juli stattfindende **Rockfestival.**

»Roars Kilde«, die Quelle des Königs Roar, begründete den Namen der Stadt, die jahrhundertelang zu den mächtigsten Dänemarks gehörte – lange bevor Kopenhagen seinen späteren Status erreichte. Schon die Wikinger bevorzugten den geschützten **Roskildefjord**, der zugleich einen problemlosen Zugang zum Meer bot. Mit der Christianisierung wurde Roskilde Bischofssitz und war Mitte des 11. Jh. Seelands größte Stadt. Kirchen und Klöster entstanden, erst die **Vor Frue Kirke**, dann die **Skt. Jørgens Kirke** und schließlich in den 1170er-Jahren unter Absalon, dem Begründer Kopenhagens, der **Dom**. In seiner Pracht sucht er in Dänemark seinesgleichen. Seit dem Tod von Königin Margrethe I. im Jahre 1412 werden hier alle dänischen Regenten beigesetzt. Zu den imposantesten Grabmälern gehört die **Kapelle Christians IV.** mit den wunderschönen Eisengittern und Thorvaldsens **Statue des Königs**. Am Eingang der Kirche können Sie ein kleines Heft mit Erläuterungen zu den einzelnen Kapellen erwerben.

Mit der Reformation begann das Ende der vormals wohlhabendsten Gemeinde Dänemarks. Die Sakralbauten wurden niedergerissen, als Steinbruch missbraucht, und man löste den Bischofssitz auf. Mehrere Brände im 18. Jh. zerstörten zudem einen Großteil der historischen Bebauung. Erst durch seine Lage als Eisenbahnknotenpunkt und dank der Expansion Kopenhagens konnte sich Roskilde, heute ein Wohnort für Pendler zur Hauptstadt, erholen.

Nett anzuschauen ist der kleine, nostalgisch gehaltene Laden »Brødrene Lutzhøfts Efterfølger« in der Ringstedgade 6, der allerlei Krimskrams anbietet. Allerdings lohnt sich noch ein Besuch der ein wenig außerhalb des Zentrums gelegenen **Vikingeskibshallen**. Im Jahre 1962 wurden fünf Wikingerschiffe aus dem Roskildefjord geborgen, die um das Jahr 1000 herum versenkt wurden, um anderen Schiffen die Einfahrt in den Fjord zu versperren.

Obwohl sie nur zum Teil erhalten sind, ist ihr Anblick sehr eindrucksvoll. Neben einem Ozean-, Handels- und Kriegsschiff wird ein Langschiff ausgestellt, das 28 m misst und bis zu 100 Mann an Bord nehmen konnte. Auf der Museumsinsel werden historische Schiffe rekonstruiert. Mit diesem Wikingerflair ist Roskilde auch ein tolles Ausflugsziel für Familien mit Kinder.

INFORMATIONEN

Køge Museum

Køge • Nørregade 4 • www.koege museum.dk • Juni–Aug. Di–So 11–17, Sept.–Mai Di–Fr, So 13–17, Sa 11–15 • Eintritt 30 DKK, Kinder frei

KØS

Køge • Nørregade 29 • www.koes.dk • Di–So 11–17 Uhr • Eintritt 50 DKK, Kinder frei

Roskilde Domkirke

www.roskildedomkirke.dk • April–Sept. Mo–Sa 9–17, So 12.30–17, Okt.–März Di–Sa 10–16, So 12.30–16 Uhr • Eintritt 25 DKK, Kinder 15 DKK

Vikingeskibshallen 🏃‍♀️🏃

Roskilde • Strandengen • www. vikingeskibsmuseet.dk • tgl. 10–17 Uhr • Eintritt Mai–Sept. 100 DKK, Kinder frei, Okt.–April 70 DKK, Kinder frei

Tagesausflug nach Malmö

CHARAKTERISTIK: Andere Schilder, andere Währung, andere Sprache – Schwedens drittgrößte Stadt bildet einen interessanten Kontrast zu Kopenhagen, ist kleiner, aber nicht klein. Und für die Kopenhagener selbst ein gern gewähltes Shoppingziel. **ANREISE:** Mehrmals täglich mit dem Zug, Fahrtdauer 35 Minuten, einfaches Ticket 78 DKK (Infos: www.skanetrafiken.se), oder dem Bus, Tageskarte 120 DKK (Infos: www.graahundbus.dk). Die Autofahrt über die Öresundbrücke zurück nach Kopenhagen kostet 64 € **DAUER:** Tagesausflug **LÄNGE:** ca. 8 km **EINKEHRTIPP:**  Trio, Tegelgårdsgatan 5, Tel. 0 40-57 97 50, www.triorestaurant.se, Di–Sa 18–24 Uhr €€€€ **AUSKUNFT:** Malmö Turist & Kongress, Centralstation, Skeppsbron, www.malmö.com **KARTE ▸ S. 89**

Für die Dänen ist die Stadt schwedisch, für die Schweden aber noch halb-dänisch. Vieles erinnert noch heute an die einstige dänische Herrschaft, so sind etwa die Bauernhäuser gelb statt im typischen Rot gestrichen, und der gesprochene Dialekt ähnelt dem Dänischen.

Im 13. Jh. entstanden, entwickelte sich Malmö in der Region Skåne (Schonen) schnell zu einer einflussreichen Handels- und Hafenstadt – dank ihrer Lage am Öresund und dem Warenaustausch mit der reichen Hanse. Bis 1658 gehörten neben Skåne auch die Regionen Halland und Blekinge zu Dänemark, durch den Friedensvertrag von Roskilde fielen diese Provinzen jedoch an Schweden. Wahrzeichen der Stadt ist der »Turning Torso«, mit 190 m Schwedens höchstes Gebäude. Es wurde 2005 nach dem Entwurf von Santiago Calatravas errichtet und steht im Wohn- und Büroviertel Västra Hamnen.

Mälarbron ▸ Lilla Torg

Ideale Ankunftszeit ist gegen 11 Uhr, denn viele Geschäfte öffnen erst gegen Mittag. Über eine Brücke, die **Mälarbron**, gelangen Sie vom Bahnhof ins Zentrum. Noch vor dem großen Markt, dem **Stor Torg**, wo das

prächtige Renaissance-Rathaus zu finden ist, kreuzen Sie Adelgatan und Västergatan und erreichen den historischen Stadtkern.

Im 13. Jh. entwickelte sich die Stadt Malmö um einen Marktplatz herum. Ebenfalls um 1300 entstand auch die gewaltige **Skt. Petri Kyrka** nordöstlich des Stor Torg. In der Östergatan können Sie die wohl schönsten Häuser der Stadt sehen. **Skt. Gertruds Kvarter** heißt das Viertel mit seinen 20 Häusern aus dem 16. Jh. Vom Stor Torg gehen Sie zum **Lilla Torg**. Der hübsche Marktplatz wird von einigen Boutiquen, mehreren Cafés und Restaurants gesäumt.

Skomakaregatan ▸ Malmö Konsthall

Dann geht es links in die Skomakaregatan und später rechts in die Södergatan. Gegenüber in der Baltzarsgatan können Sie in der Einkaufspassage Baltzar City shoppen. An der Ecke Stora Nygatan/Malmborgsgatan 6 kann man bei Duka City-Hansa u. a. schwedisches Glas auch zweiter Wahl erstehen. Von hier gelangen Sie auf den **Gustav Adolfs Torg.** Marty im Haus Nr. 8 offeriert bekannte Modelabels wie Sand, Gant und Tiger. Sie gehen quer über den Platz und kommen in die Södra Tullgatan. Weiter geradeaus auf der **Södra Forstads-**

gatan. Am Ende ragt das Sheraton-Hotel auf. Triangeln heißt das im Inneren des Gebäudes eingerichtete, große Shoppingcenter. Ein kleines Stück dahinter befindet sich die **Malmö Konsthall.**

Über St. Johannesgatan und Fersensväg gelangen Sie zum Schlosspark. Von hier aus ist die 1536 bis 1542 errichtete Festung **Malmöhus** mit ihren verschiedenen Museen nicht zu verfehlen. Wer eher geschichtlich interessiert ist, wird sich ins Stadsmuseet begeben. Interessant sind auch das Naturmuseum mit Aquarium und das Technik- und Seefahrtmuseum. Zurück geht es über die Väs-tergatan. An der Ecke zum Stor Torg steht **Jörgen Kocks Gård**, eines der schönsten nordischen Gebäude aus dem Mittelalter. An der Hamngatan wenden Sie sich nach links und erreichen wieder den Bahnhof.

INFORMATIONEN

Malmö Konsthall

Centrum • Johannesgatan 7 • www.konsthall.malmo.se • tgl. 11–17, Mi bis 21 Uhr • Eintritt frei

Malmöhus Slot

Juni–Sept. tgl. 10–16, Sept.–Mai tgl. 12–16 Uhr • Eintritt 40 DKK, Kinder 10 DKK

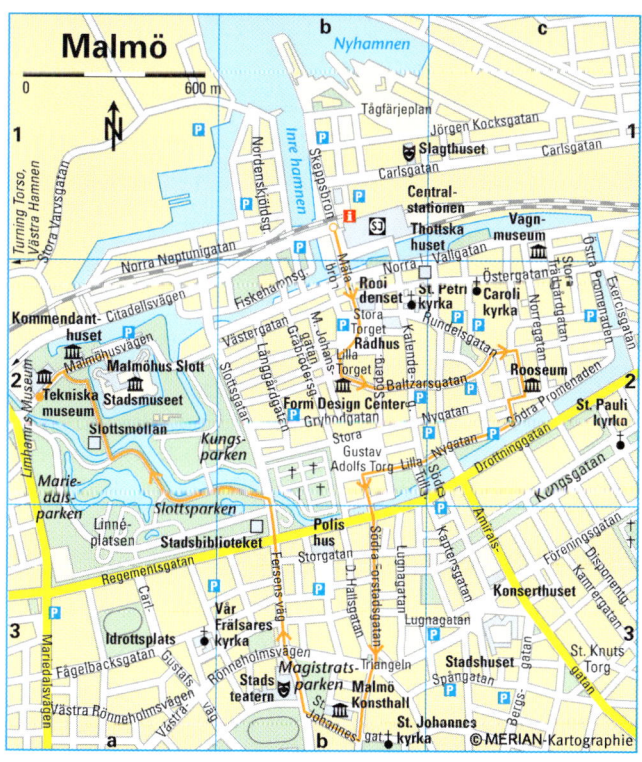

Die beeindruckende Öresundbrücke
verbindet Kopenhagen mit Malmö in
Schweden. Mit 7845 m ist sie die längste
Schrägseilbrücke der Welt.

Wissenswertes
über Kopenhagen

Nützliche Informationen für einen gelungenen Aufenthalt: Fakten über Land, Leute und Geschichte sowie Reisepraktisches von A bis Z.

Auf einen Blick

Mehr erfahren über Kopenhagen – Informationen über Land und Leute, von Bevölkerung über Politik und Sprache bis Wirtschaft.

AMTSSPRACHE: Dänisch
BEVÖLKERUNG: 65,8 % Dänen, 21,2 % Einwanderer, 13 % ausländische Staatsbürger
EINWOHNER: 519 000
FLÄCHE: 89 qkm
INTERNET: www.kk.dk
RELIGION: 65,8% lutherische Volkskirche, 34,2 % andere Konfessionen
VERWALTUNG: Kommune
WÄHRUNG: Dänische Krone

Bevölkerung

Dänemark hat 5,4 Millionen Einwohner, von denen 500 000 direkt in Kopenhagen wohnen, im Großraum sind es weitere knapp eine Million. Der Ausländeranteil liegt in Kopenhagen selbst bei 21 %, wenn man auch die Nachkommen von Einwanderern dazurechnet. Diese wohnen innerhalb Kopenhagens insbesondere in Nørrebro sowie Bispebjerg und Brønshøj-Husum.

Lage und Geografie

Kopenhagen liegt am Ostufer der Insel Seeland. Das Stadtgebiet ist 89 qkm groß, der Großraum Kopenhagen misst 2863 qkm. Die südlichen Vororte werden zum Teil durch Hochhäuser geprägt und gelten als mitunter sozial problematisch. Nördlich Kopenhagens erstreckt sich der sogenannte Whiskygürtel, hier stehen die teuren Villen auf großen Grundstücken. Mit Malmö ist die

◄ Der Strøget (► S. 5): Mit fast 2 km ist er die längste Fußgängerzone der Welt.

Stadt durch eine Brücken-/Tunnel-Kombination verbunden.

Politik und Verwaltung

Dänemark ist eine parlamentarische Monarchie. Die Königin residiert auf Schloss Amalienborg, hat aber nur repräsentative Aufgaben. Regierung und Parlament (»Folketing«) arbeiten auf Schloss Christiansborg, die konservative Minderheitsregierung aus Venstre und Konservativen lässt sich von der ausländerfeindlichen Dansk Folkeparti tolerieren. Kopenhagen selbst ist eine »rote« Stadt, hier dominieren die Sozialdemokraten und die links von ihr angesiedelte Socialistisk Folkeparti. Das Leben in Københavns Kommune wird durch ein Parlament (»Borgerrepræsentationen«) bestimmt, aus dem ein Oberbürgermeister und sechs weitere Bürgermeister ernannt werden.

Religion

Während in ganz Dänemark 81 % aller Einwohner Mitglied der lutherischen Volkskirche sind, sind es in Kopenhagen nur 65,8 %. Lediglich 5 % der Kirchenmitglieder gehen regelmäßig zum Gottesdienst.

Sprache

Die Kopenhagener sprechen Dänisch, in aller Regel auch ein sehr gutes Englisch und oft auch Deutsch. Ein Grund ist, dass das Dänische nur eine sehr kleine Sprache und für eine berufliche Weiterentwicklung Englisch ohne Alternative ist. Zum anderen werden ausländische Fernsehfilme in Dänemark nicht synchronisiert, sondern mit Untertiteln gezeigt, sodass das Fernsehen auch als kleine Sprachschule wirkt. Dänen können Schwedisch und Norwegisch lesen, meist auch verstehen, das hängt aber auch davon ab, aus welcher Region die jeweiligen Gesprächspartner kommen. Aus dem »x« ist im Dänischen ein »ks« geworden, dennoch trifft man hin und wieder auf das »x«. Unser »ö« ist im Dänischen ein »ø«, unser »ä« ein »æ«. Aus »aa« hat man »å« gemacht, wer Wert auf Tradition legt, hält aber am »aa« fest, so z.B. einige Städte oder einige historische Gasthöfe. Achtung: Diese drei Buchstaben stehen am Ende des Alphabetes.

Wirtschaft

Der mit Abstand größte Arbeitgeber ist der Staat bzw. sind die Kommunen. Das gilt auch für Kopenhagen, wo neben den Beschäftigten in der öffentlichen Verwaltung z. B. Krankenhäuser ein wichtiger Arbeitgeber sind. Eine tragende Rolle spielen auch das Finanzwesen, der Handel, die Hotel- und Restaurantbranche. Kopenhagen selbst hat in den letzten Jahren einen Immobilienboom erlebt, die Preise schossen in die Höhe. Es entstanden, gerade rund um den Hafen, viele neue Eigentumswohnungen, die hohen Ladenmieten zwangen kleinere Händler zur Aufgabe. Mit der Wirtschaftskrise brachen die Preise entsprechend ein. Kopenhagen ist Sitz vieler international bekannter Firmen wie der weltgrößten Containerreederei Mærsk, Coloplast (Wundversorgung), Danisco (u. a. Nahrungszusätze), Oticon (Hörgeräte) oder Novo Nordisk (Pharma). Der Brauereikonzern Carlsberg hat seine Innenstadt Grundstücke überwiegend aufgegeben.

Geschichte

700–1035 Wikingerzeit

Die Wikinger ziehen nach Westeuropa. Erster, vermutlich nur regional anerkannter König ist um 800 Godfred. 826 senden die Franken Ansgar zur Christianisierung ins Land, ohne Erfolg. Einiger Dänemarks und Norwegens im 10. Jh. ist Harald Blauzahn (Runensteine in Jelling).

1043

Erste Erwähnung Kopenhagens als Hafn bzw. Höfn.

1157–1241 Valdemarszeit

Dänemark wird eine Großmacht im Ostseeraum.

1167

Bischof Absalon gründet die Stadt unter dem Namen Kopenhagen.

1254

Kopenhagen erhält die Stadtrechte.

1319

Durch interne Streitigkeiten ist das Land geschwächt, der Boden zum Großteil an andere Staaten verpfändet. Mit dem Tod Erik Menveds besitzt das Land keine Zentralmacht mehr.

1340–1523

Nordische Union. Valdemar Atterdag einigt das Reich. Seine Tochter Margrethe folgt ihm 1375 auf den Thron, da der eigentliche Thronfolger erst fünf Jahre alt ist. Sie ist mit dem norwegischen König verheiratet, womit Norwegen zu Dänemark gehört. Übernahme der Stadt (1380) durch Erik von Pommern, Margrethes Großneffen.

1417

Kopenhagen wird Hauptstadt.

1536

Reformation zur Zeit Christian III.

1588–1648

Regierungszeit Christian IV., der als Baumeister Maßstäbe setzt. Während seiner Regentschaft entstehen unter anderem der Runde Turm, die Börse, Schloss Rosenborg und das Viertel Nyboder. 1625 führt er Dänemark in den Dreißigjährigen Krieg.

1658

Dänemark verliert Skåne, Halland, Blekinge und die norwegische Region Bohuslen an Schweden. Die Schweden haben auf ihrem Weg durch Dänemark zahlreiche Städte verwüstet.

1660

Der Thron wird vererbbar, womit die Macht des Adels gebrochen ist.

1700–1721

Großer Nordischer Krieg.

1746–1766

Unter Frederik V. entsteht Frederiksstaden, das klassizistische Viertel um Amalienborg.

1772

Struensee-Skandal. Der aus Altona stammende Hofarzt Johann Friedrich Struensee gilt als der Geliebte der Königin. Er versucht mit aller Macht, demokratische Reformen durchzusetzen. Seine Gegner lassen ihn gefangen nehmen und nach einem Scheinprozess hinrichten.

1801

Der englische General Nelson greift während der Napoleonischen Kriege mit seiner Flotte Kopenhagen an und sechs Jahre später erneut. Die Stadt liegt in Trümmern.

1813

Dänemark erklärt den Staatsbankrott.

1814

Dänemark muss Norwegen an Schweden abgeben.

Ab 1830

Deutsch-dänischer Grenzkonflikt.

1843

Der Tivoli wird eröffnet.

1849

Am 5. Juni wird das neue Grundgesetz verabschiedet. Es sichert den Bürgern Meinungs- und Versammlungsfreiheit. Die Macht wird dem Reichstag übertragen, der aus den Teilen »Folketing« und »Landting« besteht.

1848–1850

Krieg zwischen Preußen und Dänemark um Schleswig und Holstein.

1852

Die Besiedelung außerhalb der Wälle Kopenhagens wird erlaubt.

1864

Dänemark versucht Schleswig zu vereinnahmen. Preußen und Österreich erklären den Krieg und siegen.

1915

In Dänemark wird das Frauenstimmrecht eingeführt.

1920

Nach einer Volksabstimmung erhält Dänemark einen Teil Schleswigs zurück.

9. April 1940

Die Deutschen besetzen das Land.

1945

Am 4. Mai kapitulieren die deutschen Truppen auf dem dänischen Festland, vier Tage später auf Bornholm.

1949

Dänemark wird NATO-Mitglied.

1972

Frederik IX. stirbt. Nachfolgerin wird seine Tochter Margrethe II.

1973

Dänemark wird EG-Mitglied.

1992

In einer Volksabstimmung lehnen 50,7 % der Dänen den Vertrag von Maastricht ab. Bei einer zweiten Abstimmung, vor der die anderen EU-Staaten Dänemark einige Zugeständnisse gemacht haben, entscheiden sich 56,7 % für den Vertrag.

1996

Kopenhagen wird Kulturhauptstadt Europas.

2000

Die feste Verbindung nach Schweden wird freigegeben.
Die Dänen lehnen die Einführung des Euro ab.

2009

In Kopenhagen findet der Welt-Klimagipfel statt.

Sprachführer Dänisch

Wichtige Wörter und Ausdrücke

Ja – ja

Nein – nej

Verzeihung, bitte – undskyld

Bitte – værs' go

Keine Ursache – ingen årsag

Vielen Dank – mange tak

Das ist nett danke – det er fint, tak

Wie bitte – Hvad behager?

Das tut mir Leid – det gøer migondt

Ich heiße … – mit navn er …

Hilfe – hjælp

Guten Morgen – god morgen

Guten Tag – god dag

Guten Abend – god aften

Ich möchte … – jeg vil gerne …

Gibt es …? – Er der …?

Wann? – hvornår?

Wie lange? – hvor længe?

Wie viel? – hvor meget?

Wo? – hvor?

Wo ist/sind? – Hvor er …?

Was? – hvad?

Können Sie mir bitte sagen wo … ist? – Vil de være venlig at sige mig, hvor … er?

Wie geht es Ihnen (dir)? – Hvordan har de (du) det?

Danke, gut – godt tak

Woher kommen Sie (du)? – Hvor kommer de (du) fra?

Wann treffen wir uns? – Hvornår kan vi ses?

Was heißt … auf Dänisch? – Hvad hedder…på dansk?

Wie geht es Ihnen? – Hvordan har dedet?

Danke. Und Ihnen (dir)? –Godt tak. Hvad med dem (dig)?

Ich komme aus … – Jeg kommer fra …

Wie lange bleiben Sie? – Hvor længe bliver du?

Auf Wiedersehen! – Farvel!

Bis bald! – vi ses!

Alles Gute! – hav' det godt!

Gute Reise! – god rejse!

morgen – i morgen

gestern – i går

heute – i dag

abends – om aften

gegen Mittag – henimod middag

am Wochenende – i weekenden

Zahlen

eins – en

zwei – to

drei – tre

vier – fire

fünf – fem

sechs – seks

sieben – syr

acht – otte

neun – ni

zehn – ti

einhundert – hundrede

eintausend – tusinde

Wochentage

Montag – mandag

Dienstag – tirsdag

Mittwoch – onsdag

Donnerstag – torsdag

Freitag – fredag

Samstag – lørdag

Sonntag – søndag

Essen und Trinken

Wo gibt es ein gutes Restaurant? – Hvor er der en god restaurant?

Reservieren Sie uns bitte für heute Abend einen Tisch für zwei Personen – Vil de være venlig at reservere et bord til i aften til to personer.

Ist dieser Tisch noch frei? – Er dette bord ledigt?

Wo sind die Toiletten bitte? – Hvor er toiletterne?

Haben Sie vegetarische Gerichte? – Har de vegetariske retter?

Was möchten Sie bitte? – Hvad ønsker de?

Ich nehme … – jeg tager …

Was wollen Sie trinken? – Hvad ønsker de at drikke?

Bitte ein Glas/eine Flasche … – Et glas/et flaske…, tak

Haben Sie noch einen Wunsch? – Ellers andet?

Bezahlen bitte – Jeg vil gerne betale

Es stimmt so – Det passer

Hat es geschmeckt? – Smagte det godt?

Das Essen war ausgezeichnet – Maden var udmærket

Übernachten

Haben Sie noch Zimmer frei? – Har de ledige værelser?

Können Sie mir bitte ein gutes Hotel empfehlen? – Kunne de anbefale mig et godt hotel?

Gibt es hier eine Jugendherberge/einen Campingplatz? – Er der et vandrerhjem/en campingplads her?

Was kostet das Zimmer mit Frühstück/Halbpension/Vollpension? – Hvad koster værelset med morgenmad/halvpension/helpension?

Zum Frühstück nehme ich … – Til morgenmad tager jeg …

Ich reise morgen um … ab – Jeg rejser i morgen klokken …

Wo kann ich meinen Wohnwagen aufstellen? – Hvor må jeg stille min campingvogn?

Unterwegs

Können Sie mir sagen, wie ich nach … – komme? – Kan de sige mig, hvordan jeg kommer til …?

Wie weit ist es nach …? – Hvor langt er det til …?

Wo ist bitte die nächste Tankstelle? – Undskyld, hvor er den nærmeste tankstation?

Sie sind hier falsch – De er kørt forkert

Sie müssen zurückfahren bis … – de må tilbage til …

Können Sie mir die Strecke auf der Karte zeigen? – Undskyld, vil de vise mig stræk ningen på kortet?

Wo ist die nächste Werkstatt? – Hvor er der et værksted?

Zweimal … hin und zurück, bitte – To tur-retur …tak

Einen Fensterplatz – en vindues-plads

Hat der Zug aus … Verspätung? – Er toget fra …forsinket?

Können Sie mir bitte helfen? – Undskyld, kan de hjælpe mig?

Wetter

Wie wird das Wetter heute? – Hvordan bliver vejret i dag?

Wir bekommen … Wetter – Vi får…vejr

…schönes – …smukt

…schlechtes – …dårligt

…unbeständiges – …ustadigt

Es wird wärmer/kälter – Det bliver varmere/koldere

Es soll regnen/schneien – Det bliver regnvejr/snevejr

Es zieht ein Gewitter auf – Det bliver tordenvejr

Wir bekommen Sturm – Vi får storm

Die Sonne scheint – Solen skinner

Wie viel Grad haben wir heute? – Hvor mange grader er det i dag?

Es hat 22 Grad – Det er 22 grader

Kulinarisches Lexikon

A
aborre – Barsch
agerhøne – Rebhuhn
agurk – Gurke
and – Ente
appelsin – Apfelsine
asparges – Spargel

B
biksemad – Resteessen aus Fleisch
  und Kartoffeln
birkes – Mohnbrötchen
bitter – Magenbitter
blomkål – Blumenkohl
blomme – Pflaume
blæksprutte – Tintenfisch
blåmuslinger – Miesmuscheln
bøf – Beefsteak
bønne – Bohne

C/D
cacaomælk – Trinkschokolade
dagens ret – Tagesgericht
dansk vand – Mineralwasser
dild – Dill
drue – Traube
due – Taube

E/F
eddike – Essig
engelsk bøf – Rumpsteak
fersken – Pfirsich
ferskvandsfisk – Süßwasserfisch
figen – Feige
fjærkræ – Geflügel
flæskesteg – Schweinebraten
fløde – Sahne
forret – Vorspeise
franskbrød – Weißbrot
frikadeller – Frikadellen
frokost – Mittagessen
frugt – Obst
fuldkornbrød – Vollkornbrot
får – Schaf

G
gammel dansk – Magenbitter
gedde – Hecht
grønsager – Gemüse
grøn peberfrugt – grüner Paprika
gulerod – Möhre, Wurzel
gåsebryst – Gänsebrust

H
hakket kød – Hackfleisch
hamburgerryg – Kassler
hare – Hase
havørred – Meerforelle
helleflynder – Heilbutt
hindbær – Himbeere
honning – Honig
hornfisk – Hornhecht
hovedret – Hauptgericht
hvidløg – Knoblauch
hvidkål – Weißkohl
hvidvin – Weißwein
hvid øl – Malzbier
hyben – Hagebutte
hønsebouillon – Hühnerbrühe

I/J
is – Eis
jordbær – Erdbeere

K
kage – Kuchen
kalkun – Truthahn
kanel – Zimt
kanelstang – Zimtkuchen
kanin – Kaninchen
kantarel – Pfifferling
karpe – Karpfen
karry – Curry
kartofler – Kartoffeln
kirsebær – Kirsche
klipfisk – Stockfisch
krydderier – Kräuter
kullen – Schellfisch
kulmule – Seehecht

kylling – Hähnchen
kærnemælk – Buttermilch
kød – Fleisch

L
laks – Lachs
lammekød – Lammfleisch
letmælk – fettarme Milch
letøl – Leichtbier
lever – Leber
leverpostej – Leberpastete
løg – Zwiebel

M
makrel – Makrele
morgenmad – Frühstück
middag – Abendessen
musling – Muschel
mørbrad – Schweinefilet

O
oksekød – Rindfleisch
ost – Käse
othellobolle – Mohrenkopf

P/Q
peberfrugt – Paprika
peberrod – Meerrettich
piskefløde – Schlagsahne
purløg – Schnittlauch
pære – Birne
pølser – Würstchen
pålæg – Aufschnitt

R
regnbueørred – Regenbogenforelle
rejer – Krabben
risted – gebraten
rosenkål – Rosenkohl
rugbrød – Roggenbrot
rundstykke – Brötchen
rødbeder – Rote Beete
rødfisk – Rotbarsch
rødkål – Rotkohl
rødspætte – Scholle
rødvin – Rotwein

røget – geräuchert
røræg – Rührei

S
salt – Salz
sandart – Zander
sennep – Senf
sild – Hering
skalle – Rotauge
skinke – Schinken
skorzonerrod – Schwarzwurzel
skrubbe – Flunder
skummetmælk – entrahmte Milch
slik – Süßigkeiten
smør – Butter
smørrebrød – belegtes Butterbrot
snaps – Schnaps
spegepølse – Salami
stegt – gebraten
struds – Strauß
sur – sauer
svampe – Pilze
svinekød – Schweinefleisch
sød – süß
sødmælk – normale Milch

T/U/V
torsk – Dorsch
tun – Thunfisch
tykmælk – Dickmilch
vand – Wasser
vildt – Wild

W/Y/Z
wienerbrød – Kopenhagener
  (Blätterteigkuchen)
yogurth – Joghurt

Æ/Ø
æble – Apfel
æg – Eier
ærter – Erbsen
øl – Bier
ørred – Forelle
østers – Austern

Reisepraktisches von A–Z

ANREISE UND ANKUNFT

MIT DEM AUTO

Natürlich stellt die »Vogelfluglinie« für den Autofahrer immer noch die wichtigste Verbindung nach Kopenhagen dar. Auf der A 1 geht es an Hamburg und Lübeck vorbei bis nach Oldenburg in Holstein. Vor Fehmarn wird die Autobahn zur Landstraße. Vorsicht ist beim Überholen geboten, denn die Strecke ist teilweise sehr unübersichtlich. Bei starkem Wind ist die **Fehmarnsundbrücke** für Wohnwagengespanne und Lkws gesperrt. Die Fahrtdauer von Puttgarden bis Rødby beträgt 45 Minuten. Die Fähren fahren im Sommer im 15-Minuten-Takt.

Auf dänischer Seite geht es auf der Autobahn weiter. Wer in die Innenstadt Kopenhagens möchte, orientiert sich an den Schildern mit der Aufschrift »København C«.

Wer von Ostdeutschland aus losfährt, setzt in Rostock mit dem Schiff nach Gedser (Fahrtzeit: 2 Std.) über. Auf dänischer Seite geht es zunächst eine Weile über die Landstraße, bis Sie bei Nørre Alslev auf die Autobahn kommen, die von Rødby nach Kopenhagen führt.

Eine Alternative über Land ist die Brückenverbindung über den Großen Belt. Über die A 7 geht es an Flensburg vorbei nach Fünen (E 20) und bei Nyborg hinüber nach Korsør auf Seeland. Die Fahrt über die Brücke kostet 215 DKK. Bedenken Sie für Ihre Planung, dass in Dänemark auf Autobahnen nur 110 km/h gefahren werden darf. Auf einigen Abschnitten wagt man jetzt probeweise 130 km/h. Vom Grenzübergang bei Frøslev bis nach Kopenhagen sind es

knapp 300 km. Von Rødby aus übrigens 152 km, von Gedser 147 km.

MIT DEM ZUG

Der Streckenverlauf gleicht dem für PKWs. Auch hier kann man über die Vogelfluglinie, Warnemünde – Gedser oder Jütland – Fünen anreisen.

MIT DEM FLUGZEUG

Neben SAS und Lufthansa fliegen auch Billig-Anbieter wie Easy-Jet nach Kopenhagen. Da letztere Gesellschaften Routen recht schnell eröffnen oder schließen, sei hier auf eine detaillierte Auflistung verzichtet. Die einst recht hohen Preise sind deutlich gesunken, vorausgesetzt, man bucht rechtzeitig. Für Reisende aus Schleswig-Holstein und Hamburg kann auch der Flughafen im dänischen Sønderborg eine Alternative sein (Cimber Air). Vom Flughafen können Sie per Taxi (ca. 250 DKK), Metro (31,50 DKK) oder Zug (31,50 DKK) in die 10 km entfernte Innenstadt kommen. Der Zug verkehrt alle 20 Min., die Metro alle 4 Min. Sie orientieren sich für die Rückfahrt am Zielbahnhof »Kastrup Airport«.

Auf www.atmosfair.de und www.myclimate.org kann jeder Reisende durch eine Spende für Klimaschutzprojekte für die CO_2-Emission seines Fluges aufkommen.

AUSKUNFT

IN DEUTSCHLAND, ÖSTERREICH UND DER SCHWEIZ

VisitDenmark

Glockengießerwall 2 • 20095 Hamburg • Tel. 0 18 05/32 64 63 • www.visitdenmark.dk

IN KOPENHAGEN
Copenhagen Right Now
▶ S. 115, E 16

Vesterbrogade 4 A • 1620 Kopenhagen • Tel. 70 22 24 • www.visit
copenhagen.dk • Mai–Mitte Sept. tgl.
9–20, Sept.–April Mo–Fr 9–12, Sa 9–
14 Uhr

BILLETNET

Eintrittskarten für Konzerte, Sport-
veranstaltungen, Theater oder Oper
bekommt man im Vorverkauf über
die Organisation BilletNet. Diesem
landesweiten System ist die Post an-
geschlossen, weshalb man auch dort
Tickets kaufen kann.
www.billetnet.dk

BUCHTIPPS

**Per Olov Enquist: Der Besuch des
Leibarztes** (Fischer Taschenbuch
Verlag, 2003) Großartiger Roman
über das Wirken des Altonaer Arztes
Johann Friedrich Struensee am Hof,
seine politischen Ideen, seine Liaison
mit der Königin und sein Ende auf
dem Schafott.
**Peter Høeg: Fräulein Smillas Ge-
spür für Schnee** (Lübbe, 2003). Der
Welterfolg, der in Kopenhagen seinen dramatischen Anfang nimmt
und auf Grönland spektakulär en-
det. Unglaublich spannend!
Dan Turèll: Der populäre Autor hat
Kopenhagen in einer Reihe von
zwölf Büchern (zehn Romane, zwei
Novellensammlungen) im Genre
Krimi verewigt. Sein namenloser Er-
mittler arbeitet in bester Chandler-
und Hammett-Manier: zynisch, me-
lancholisch, trinkfest und erfolgreich. Einige der deutschen Überset-
zungen (darunter »Mord im Dunk-
len«) sind nur noch antiquarisch erhältlich.

COPENHAGEN CARD

Es gibt zwei verschiedene Karten für
Ermäßigungen. Die City Card ge-
währt freien Eintritt zu 40 Sehenswürdigkeiten in der Stadt. Sie kostet
229 DKK (Kinder 115 DKK) und gilt
24 Std.
Die Plus Card hingegen ermöglicht
freien Eintritt zu 70 Sehenswürdigkeiten im Großraum Kopenhagen,
also auch z. B. zu Museen in Nord-
seeland oder dem Dom in Roskilde.
Außerdem können Sie die öffentlichen Verkehrsmittel frei nutzen. Die
Karte kostet 459 DKK (Kinder
225 DKK), sie gilt 72 Std.

DIPLOMATISCHE VERTRETUNGEN
Deutsche Botschaft   ▶ S. 111, F 7

Indre By • Stockholmsgade 57 •
S-Bahn: Østerport • Tel. 35 45 99 00

Österreichische Botschaft
▶ S. 112, nördl. B 9

Indre By • Sølundsvej 1•
S-Bahn: Svanemøllen •
Tel. 39 29 41 41

Schweizer Botschaft
▶ S. 118, C 21

Indre By • Amaliegade 14 •
Metro: Kongens Nytorv •
Tel. 33 14 17 96

FEIERTAGE

1. Januar Neujahr
Gründonnerstag
Karfreitag
Ostermontag
Großer Bettag (vierter Freitag nach
Ostern)
1. Mai (ab 12 Uhr)
Christi Himmelfahrt
Pfingstmontag
5. Juni – Verfassungstag (ab 12 Uhr)
25. und 26. Dezember

GELD

10 DKK	1,34 €/1,72 SFr
1 €	7,44 DKK
1 SFr	5,82 DKK

Eine Krone entspricht 100 Øre. Münzen gibt es zu 50 Øre sowie 1, 2, 5, 10 und 20 Kronen (DKK). Scheine zu 50, 100, 200, 500 und 1000 Kronen. 2009–2011 werden neue Geldscheine eingeführt. Leicht zu verwechseln sind die 1- und 2-Kronenstücke und die 10- und 20-Kronenmünzen, die nur geringfügig in der Größe differieren. Beträge zwischen einer und 49 Øre werden auf- oder abgerundet.

Beim Bargeldtausch wird eine Gebühr von 20 bis 50 DKK abgezogen. Sollten Sie außerhalb der banküblichen Zeiten Geld benötigen, stehen Ihnen Geldautomaten zur Verfügung (»Kontanten«). Die Bank im Hauptbahnhof hat täglich von 6.45 bis 22 Uhr geöffnet. Auch in den Kaufhäusern Magasin du Nord und Illum kann man am Informationsstand tauschen. Vereinzelt wird der Euro akzeptiert. Kreditkarten, insbesondere Mastercard und Visa, werden fast durchgehend akzeptiert, American Express seltener. Die Banken haben Mo–Mi, Fr 9–16 geöffnet, Do 9–18 Uhr.

INTERNET

www.visitcopenhagen.dk
Offizielle Website Kopenhagens und der Umgebung. Informationen zu Sehenswürdigkeiten, aber auch Unterkünfte können gebucht werden.
www.ctw.dk und www.aok.dk
Hier finden Sie aktuelle Veranstaltungen und Tipps (z. B. zum Essengehen).

NEBENKOSTEN

1 Tasse Kaffee	3,50 €
1 Bier	4,00 €
1 Cola	3,00 €
1 Brot (ca. 1 kg)	3,50 €
1 Schachtel Zigaretten	4,00 €
1 Liter Benzin	1,30 €
1 typisches kleines Gericht (Hot-dog)	2,60 €
Mietwagen/Tag	120,00 €

www.dsb.dk
Hier finden Sie Informationen zu Zugverbindungen.
www.movia.dk
Auf dieser Website erfahren Sie die Busfahrpläne.
Alle genannten Seiten gibt es in dänischer und englischer Version.

MEDIZINISCHE VERSORGUNG

KRANKENVERSICHERUNG

Die Vorlage einer Europäischen Krankenversicherungskarte (EHIC) ist ausreichend. Als zusätzlicher Versicherungsschutz empfiehlt sich der Abschluss einer Auslandskrankenversicherung, da diese Krankenrücktransporte mitversichert.

KRANKENHAUS

Benötigen Sie einen Arzt, »læge«, so informiert man Sie Mo–Fr, 9–16 Uhr unter Tel. 33 93 63 00, Sa, So unter Tel. 33 88 60 41 über die am nächsten gelegene medizinische Versorgung.

Rigshospitalet ▸ S. 111, D 6
Nørrebro • Blegdamsvej 9 • Metro: Nørreport • Tel. 35 45 35 45

APOTHEKEN

Apotheken sind in der Regel von 9.30–18 Uhr geöffnet.

Steno apotek   ▸ S. 117, D 19

Indre By • Vesterbrogade 6 c •
S-Bahn: København H •
Tel. 33 14 82 66 • tgl. 24 Std.

MOBILTELEFON

Die Handydichte ist in Dänemark
sehr groß. Dominiert wird der Markt
von den zwei Systemen Tele Danmark (TDC) und Telenor. Auf eine
dieser beiden oder Telia wird Ihr
Handy automatisch umgeleitet.

NOTRUF

Euronotruf Tel. 112 (Polizei, Feuer-
wehr, Rettungsdienst)

POST

Die Briefkästen in Dänemark sind
rot. Briefmarken erhält man in den
Postämtern, die in der Regel Mo–Fr
9.30–17, Sa 9.30–12 Uhr geöffnet
sind. Eine Postkarte nach Deutschland, Österreich und in die Schweiz
kostet 7,50 DKK, für 8 DKK wird sie
schneller transportiert.

REISEDOKUMENTE

Deutsche, Österreicher und Schwei-
zer können mit einem gültigen Rei-
sepass oder Personalausweis (Iden-
titätskarte) einreisen. Kinder unter
16 Jahren müssen im Pass eines El-
ternteils eingetragen sein oder benötigen einen Kinderausweis.

REISEKNIGGE

ANREDE

Bis auf das Königshaus und einige
wenige andere Persönlichkeiten werden in Dänemark alle geduzt. Doch
verwechseln Sie bitte diese Anrede-
form nicht mit Respektlosigkeit.

BESTELLEN

In Cafés und Kneipen müssen Sie
selbst direkt am Tresen bestellen. Getränke nehmen Sie gleich mit, Mahlzeiten werden eventuell an den Tisch
gebracht, zuweilen aber auch nur auf
den Tresen gestellt und ausgerufen.
In Restaurants wird am Tisch bedient. **Trinkgeld** ist nicht üblich.

REISEWETTER

Das Wetter im Norden ist immer etwas unberechenbar. Generell lässt
sich sagen, dass der Juli der wärmste,
der Mai aber der trockenste Monat
ist. Im Juli und auch teilweise im August haben vor allem kleinere Ge-
schäfte und Frokost-Restaurants geschlossen, dafür sind die Nächte lang
und hell. Der Mai reizt als Reisemonat
nicht nur wegen der geringen Nieder-
schlagsmenge, sondern auch aufgrund des Karnevals. Für einen Besuch Kopenhagens im Juli spricht das
Jazzfestival (▸ MERIAN-Tipp, S. 42).
Unangenehm können die Monate
März und November sein. Dezember,

Mittelwerte	JAN	FEB	MÄR	APR	MAI	JUN	JUL	AUG	SEP	OKT	NOV	DEZ
Tages-temperatur	2	2	5	11	16	20	22	21	18	12	7	4
Nacht-temperatur	-2	-3	-1	3	8	11	14	14	11	7	3	1
Sonnen-stunden	1	2	4	6	8	9	8	7	6	3	1	1
Regentage pro Monat	11	9	7	9	7	9	10	10	10	10	10	15

vor allem aber Januar und Februar zwingen einen mit ihrer klirrenden Kälte zwar gleich in mehrere Pullover, verleihen der Stadt aber zuweilen ein schönes, klares Licht.

STADTRUNDFAHRTEN

Für geführte Touren bietet Copenhagen Excursions (Tel. 32 60 00 00, www.sightseeing.dk) seine Dienste vom Rathausplatz aus (unterhalb des Podestes mit den Lurenbläsern) an. Die Fahrten sind in verschiedene Themenbereiche aufgegliedert. Dauer: ca. 2,5 Std., Preis um 200 DKK.

Die kombinierte Schiffs-/Busfahrt von Copenhagen Excursions kostet 175 DKK.

Reine Schiffstouren bietet DFDS Canal Tours an (Tel. 32 96 30 00, www.canaltours.dk). Die Fahrten dauern etwa 50 Min. und führen vom Nyhavn hinüber nach Holmen, von dort zur Kleinen Meerjungfrau, dann durch Christianshavn, hinüber nach Christiansborg, an Holmens Kirke und der Börse vorbei zurück zum Nyhavn. Man kann die Fahrt statt am Nyhavn auch am Gammel Strand antreten. Preis Erwachsene 60 DKK, Kinder 40 DKK.

TELEFON
VORWAHLEN

D, A, CH ▸ Dänemark 00 45
Dänemark ▸ D 00 49
Dänemark ▸ A 00 43
Dänemark ▸ CH 00 41

VERKEHR
AUTO

Mit dem Auto durch die Stadt zu fahren ist nicht sinnvoll. Zu Fuß sind Sie schneller. Denn ehe Sie den richtigen Weg und einen Parkplatz gefunden haben, dürfte einige Zeit vergangen sein. Parkraum ist in Kopenhagen knapp.

Die Stadt ist in drei Parkzonen eingeteilt: Rund um den Fußgängerzonenbereich sind Sie im roten Bereich mit 28 DKK pro Stunde dabei. Zwei bis drei Straßen weiter beginnt der grüne Bereich für 17 DKK pro Stunde. Ihm folgt der recht weit gefasste blaue Bereich, der mit 10 DKK nicht nur günstig ist, sondern auch in gehbarer Reichweite zu allen Sehenswürdigkeiten liegt.

Da die großzügige Höchstparkzeit von 10 Std. (grün, blau) bzw. 12 Std (rot) eingerichtet ist, können Sie gleich einen Parkschein für den ganzen Tag lösen. Sie sollten es aber nicht riskieren, Ihr Auto ohne entrichtete Parkgebühr irgendwo abzustellen, denn Kopenhagens Verkehrspolizei wird Sie in diesem Fall mit einem Strafzettel von etwa 500 DKK beglücken!

Auf Autobahnen darf 110 km/h gefahren werden. Versuchsweise sind auf Teilabschnitten 130 km/h erlaubt. Außerhalb von Ortschaften nicht schneller als 80 km/h und innerhalb 50 km/h. Tagsüber muss Abblendlicht eingeschaltet werden. Es besteht Gurtpflicht. Die Promillegrenze liegt bei 0,5.

FAHRRAD

Seit 1995 stehen es in der Innenstadt Leihräder zur Verfügung. An 110 Stationen kann man für ein Pfandgeld von 20 DKK ein Rad leihen. Radeln darf man nur in der Innenstadt (Indre By) und in Christianshavn. Wer diesen Bereich verlässt und von der Polizei erwischt wird, muss mit einer Geldstrafe rechnen. Die Räder werden ab ca. Mitte April zur Verfügung gestellt, Ende Oktober ist die

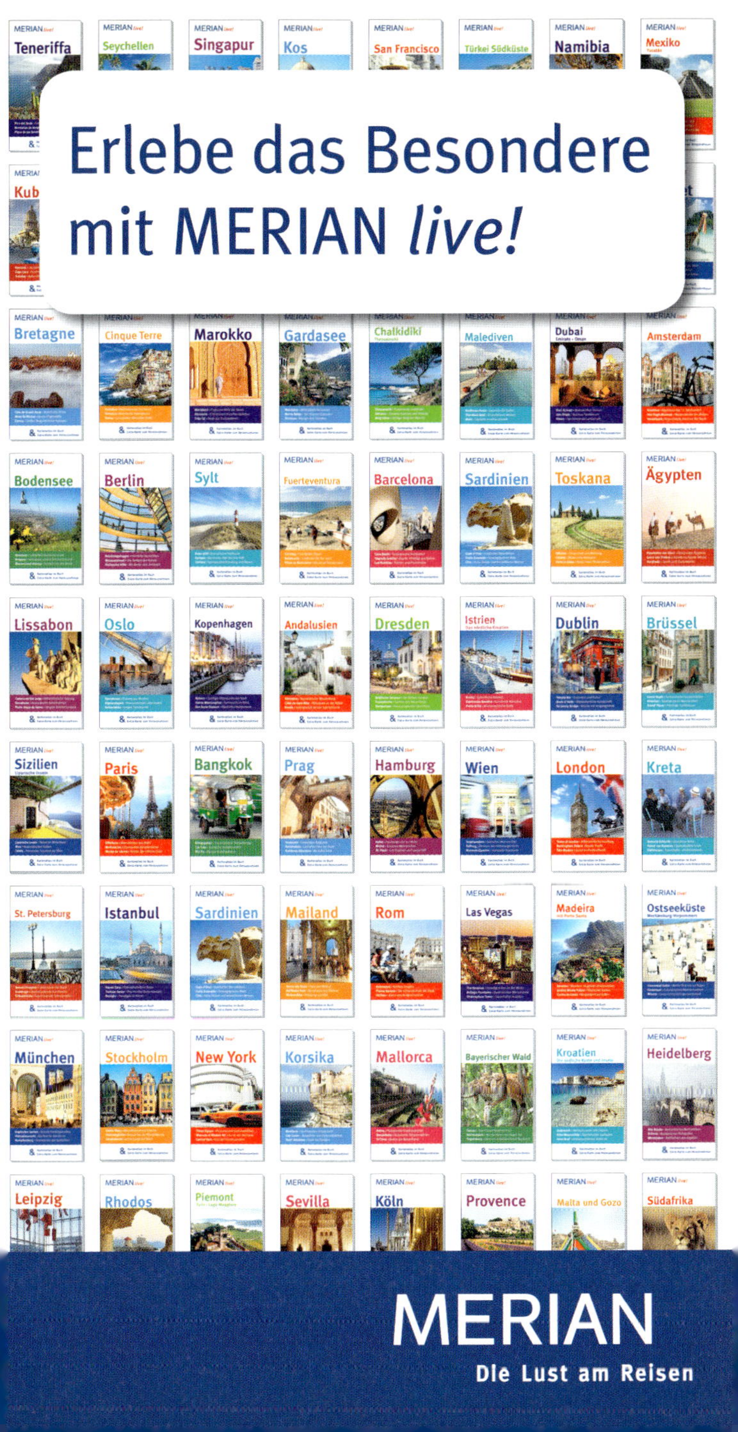

Saison vorbei. Weitere Informationen zu den Stadträdern gibt es unter www.bycyklen.dk.

Übrigens können auch rikscha-ähnliche Fahrrad-Taxis gemietet werden.

ZU FUSS

Wer die Gegend zwischen Bahnhof und Kleiner Meerjungfrau erkunden möchte, sollte dies zu Fuß tun. Denn die Entfernungen sind kurz, und man erlebt auch mehr von der Stadt, wenn man sie sich erläuft.

ÖFFENTLICHE VERKEHRSMITTEL

Der Großraum Kopenhagen ist für Bus und S-Bahn in 95 Regionen eingeteilt. Recht neu ist die Metro, die nach und nach ausgebaut wird. Den Plan finden Sie auf der Klappe hinten. Dank eines Farbkennungssystems ist an jeder Haltestelle erkennbar, für wie viele Zonen Sie zahlen müssen. Maximal handelt es sich dabei um sechs Zonen, wobei die erste 21 DKK kostet und danach für jede 10,50 DKK berechnet werden. Die meisten Busfahrer sind freundlich und helfen Urlaubern bei Orientierungsproblemen gerne weiter.

Man kann auch Streifenkarten für zwei, drei, fünf oder alle Zonen erwerben, was sich vor allem dann anbietet, wenn man öfter zwischen Quartier und Innenstadt pendeln muss. Die Karten stempeln Sie entweder im Bus oder (S-Bahn oder Metro) jeweils im Bahnhof ab.

Mit einem 24-Std.-Fahrschein oder der **Copenhagen Card** kann man für einen festgelegten Zeitraum unbegrenzt durch Kopenhagen fahren. Kinder bis 7 Jahre fahren kostenlos und bis 12 Jahre mit dem Kinderfahrschein.

Das S-Bahn-Netz ist sehr weitläufig. Es reicht bis nach Hillerød, Frederikssund und Køge. Andere Städte wie Helsingør, Hundested oder Roskilde können problemlos mit Vorortzügen erreicht werden.

Zwischen Königlicher Bibliothek, Oper und Gefion-Brunnen verkehren auch Fähren (»havnebusser«). Informationen darüber gibt es unter www.dsb.dk und www.m.dk.

ZEITUNGEN

In vielen Geschäften und bei der Touristeninformation liegt das monatlich erscheinende Heft »Copenhagen this week« aus, das auch ausgewählte Veranstaltungen nennt. Freitags haben die Tageszeitungen »Politiken«, »Jyllands-Posten« und »Berlingske Tidende« Beilagen mit zahllosen Hinweisen auf Konzerte, Theateraufführungen, Ausstellungen, Veranstaltungen etc.

ZOLL

Reisende aus Deutschland und Österreich dürfen Waren abgabenfrei mit nach Hause nehmen, wenn diese für den privaten Gebrauch bestimmt sind. Bestimmte Richtmengen sollten jedoch nicht überschritten werden (z. B. 800 Zigaretten, 90 l Wein, 10 kg Kaffee). Weitere Auskünfte unter www.zoll.de und www.bmf.gv.at/zoll.

Reisende aus der Schweiz dürfen Waren im Wert von 300 SFr abgabenfrei mit nach Hause nehmen, wenn diese für den privaten Gebrauch bestimmt sind. Tabakwaren und Alkohol fallen nicht unter diese Wertgrenze und bleiben in bestimmten Mengen abgabenfrei (z. B. 200 Zigaretten, 2 l Wein). Weitere Auskünfte unter www.zoll.ch.

Kartenatlas
Maßstab 1:12 000

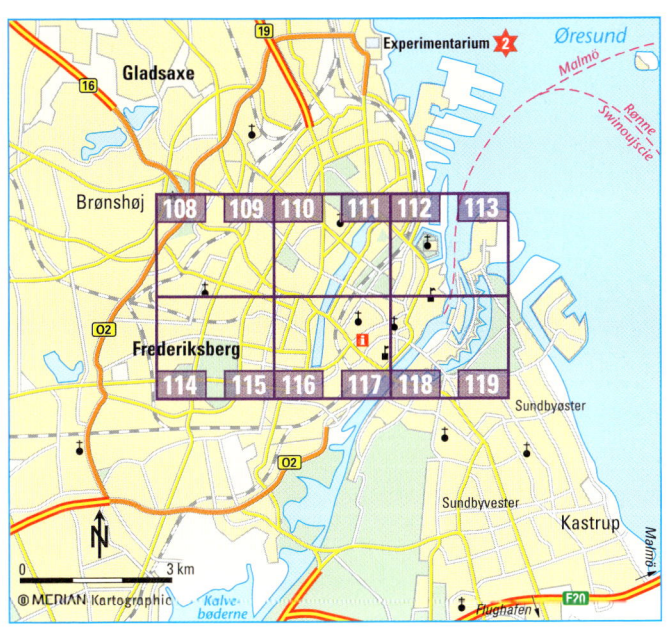

Legende

Spaziergänge

○→ Vom Gammeltorv zum Nyhavn (S. 72)
Start: S. 117, F18

○→ Frederiksstaden (S. 75)
Start: S. 118, C21

○→ Christianshavn (S. 78)
Start: S. 115, E15

○→ Frederiksberg (S. 80)
Start: S. 117, F19

Sehenswürdigkeiten

🔟 MERIAN-TopTen

🔟 MERIAN-Tipp

Sehenswürdigkeit, öffentl. Gebäude

✳ Sehenswürdigkeit Kultur

✳ Sehenswürdigkeit Natur

⚓ Kirche; Kloster

Sehenswürdigkeiten ff.

🏰 Schloss, Burg; Ruine

🏛 Museum

Denkmal; Windmühle

✿ Synagoge

Verkehr

Autobahn

Autobahnähnliche Straße

Fernverkehrsstraße

Hauptstraße

Nebenstraße

Unbefestigte Straße, Weg

Fußgängerzone

P Parkmöglichkeit

Ⓑ Ⓗ Busbahnhof; Bushaltestelle

Verkehr ff.

Ⓜ Metro

Ⓢ S-Bahn

DSB Bahnhof

⚓ Schiffsanleger

✈ Flughafen

⊕ Flugplatz

Sonstiges

ℹ Information

Theater

Zoo

Botschaft, Konsulat

† † † Friedhof

L L L Jüdischer Friedhof

A **B** **C**

1

2

3

4

Musiktribune
Bellahøj

Grøndal
Centret
Sportscenter

Hulgårdsvej

Borups-

Stære-
Vestergårds-

Vestergårds-
porten

Ved Bellahøj

Hvidkilde-

Genforenings
Pladsen

Vandrerhjem

Rødkilde
Park

vej

Måge-

Bellahøj-

Vandtårn

Børneinst.

Bakke-

Mark-

Hind-
bær-
vej

Slåenvej

Blåbærvej

vej

Rødkilde
Skole

Rødkilde-

Primulavej

Lærlingehjem

Godthåbs-

Grysgårds-

vej

Hulgårdsvej

Vognborg-

Grøndals
Kirke

Hillerødgade

Bramlær vej

Abrikosvej

Allé

Vandværk

Lupin-

Ballis-

vej

Rennemar-

Rennemar-

Fordtsgård-

Pomonavej

Valmue

Vindruevej

Gyvel-

Minkosve
Strenstien

Himmerlands

Montagne-

Reinette

Mirabelle

Ferskenvej

Morbærvej

Allé

Frederiksgårds

Frederiksgård
Skole

Mosar-

vej

Eble-

Grøndalsvænge

Freder

Limfjords-

Vej

vej

Vej

Vendsyssel-

vej

A.F. Beyers Vej

vej

Gudenå-

Parkvej

Grøndal

Godthåbsvej

Godthåbs-
vænget

Vagtelvej

Eger

Solsorte

Grøndals

ve

Vej

Stockholms

Grøndals-

Femte
Juni
Plads

Fru
Gyllembourgs
Vej

Matthæ Elbigas V

Richs

Fente Juni Plads

Oscar Ellingers Vej

Emanuel
Olsens

Tesdorpfs-

Frederiks

C. F.

Moltkes-

Rostrups-

Storchs-
vej

Boulevard

Nyelands vej

Nyelands
Plads

Bernhard

Tesdorpfs-

N. Davids-

Spurve-

Segelckes-
vej

Plejehjem

Bangs

Dalgas

114

Lauritz Sørensens

Allé

La Cours

Chr. Hansens A

A **B** **C**

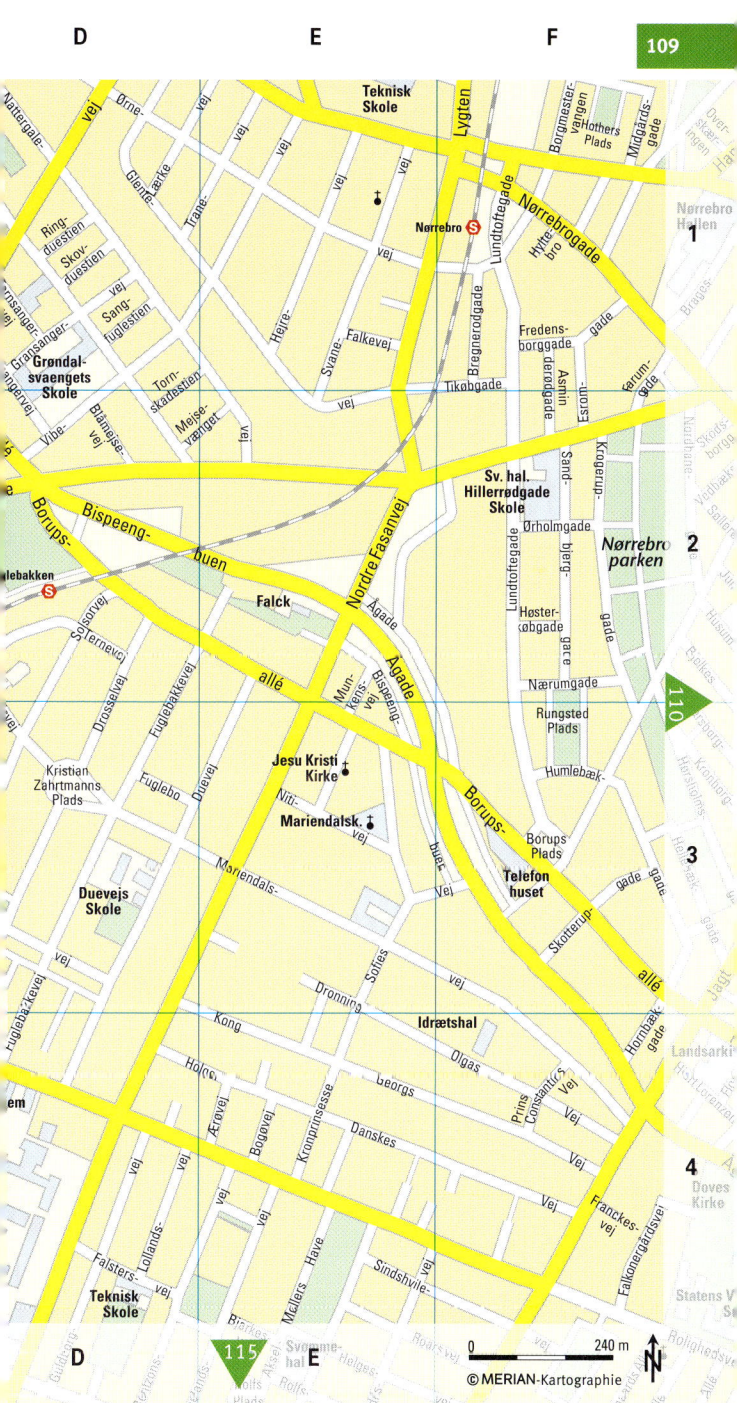

Teknisk Skole

Nørrebro S

Nørrebrogade

Nørrebro Hallen

1

Lygten

Lundtoftegade

Hyltebro

Fredens-borggade

Bregnerødgade

Tikøbgade

Svane-

Falkevej

Grøndals-svængets Skole

Torn-skadestien

Meise-vænget

Ring-duestien

Skov-duestien

Sang-fuglestien

Sand-derodgade

Asmin-derodgade

Esrum-gade

Sv. hal.
Hillerødgade
Skole

Ørholmgade

Nørrebro parken

2

Bispeeng-buen

Borups-

Nordre Fasanvej

Ågade

Falck

Solsortevej

Solternevej

Drosselvej

Fuglebakkevej

allé

Lundtoftegade

Høster-købgade

Krogerup-gade

Nærumgade

110

Munke-

Bispeeng-

Jesu Kristi Kirke

Mariendalsk.

Fuglebo

Duevej

Niti-

Rungsted Plads

Humlebæk-

Kristian Zahrtmanns Plads

Mariendals-

Borups-

buen

Vej

Borups Plads

Telefon huset

3

Duevejs Skole

Skatterup-

gade

Hornbæk-

gade

allé

Landsarki

vej

Dronning

Sofies

Kong

Idrætshal

Olgas

Vej

Holger

Georgs

Prins Constantins

Vej

Doves Kirke

4

em

Danskes

Kronprinsesse

Bogovej

Æbelvej

Franckes-vej

Falkonergårdsvej

Falsters-

Lollands-

Mallers

Have

Sindshvile-

Statens V

Teknisk Skole

Svømme-hal

115

0   240 m

© MERIAN-Kartographie

N

A   B   C

Zoologisk
Museum
August Kroch
Instituttet

Da

H. C.
Ins

Nørrebro
Hallen

Kollegium

Rigshospitalet

Gym
ins

Social
Center

Skole

Universi
bibli

Skole

Studenter
Gården

De Gamle
By

Skole

Skole

Guldbergs
Have

Simeons
Kirke

Poppel-
gade

Sko

Anna
Kirke

Nørrebro

Mosaisk
Kirkegård

Assistens
Kirkegård

Po

Jagtvejens
Skole

Metropolitan-
skolen

Hans

Hans

Tavsens

Park

Landsarkiv

Rantzausgade

Tjørne-
gade

Væver-
gade

Sakraments
Kirke

Brorsons
Kirke

Helligkors
Kirke

Helligkors
Skole

Blågårds
Kirke

Krist
Kirk

Doves
Kirke

Skt. Josephs
Plejehjem

Åbolevard

Statens Veterinære
Serumlabor

Bethlehem

A   B   C

109

116

9

D

Langelinievej

Yderhavnen

Lynetten

Rensaenlægget ved Lynetten

Lynette-haven

Refshalevej

Nordre Refshalebassin

10

Den Lille Havfrue (Kleine Meerjungfrau)

5

Refshaleø

Sydre Refshalebassin

Nordre Tolbod

11

Refshalevej

Toldbodens Bådehavn

B

Sixtus

Refshalevej

Lystbåde-havn

Elefantporten

Nyholm

Quintus Bastion

Quinti Lynette

Sneedorffs Allé

Takkeladsvej

Margrethe-holm

12

Henrik Spans Vej

Kongevej

Knudtholabassin

Charlotte Amalies Bastion

Judichaers

Dokøen

Plads

119

E

0   240 m

J. Redan

© MERIAN-Kartographie

N

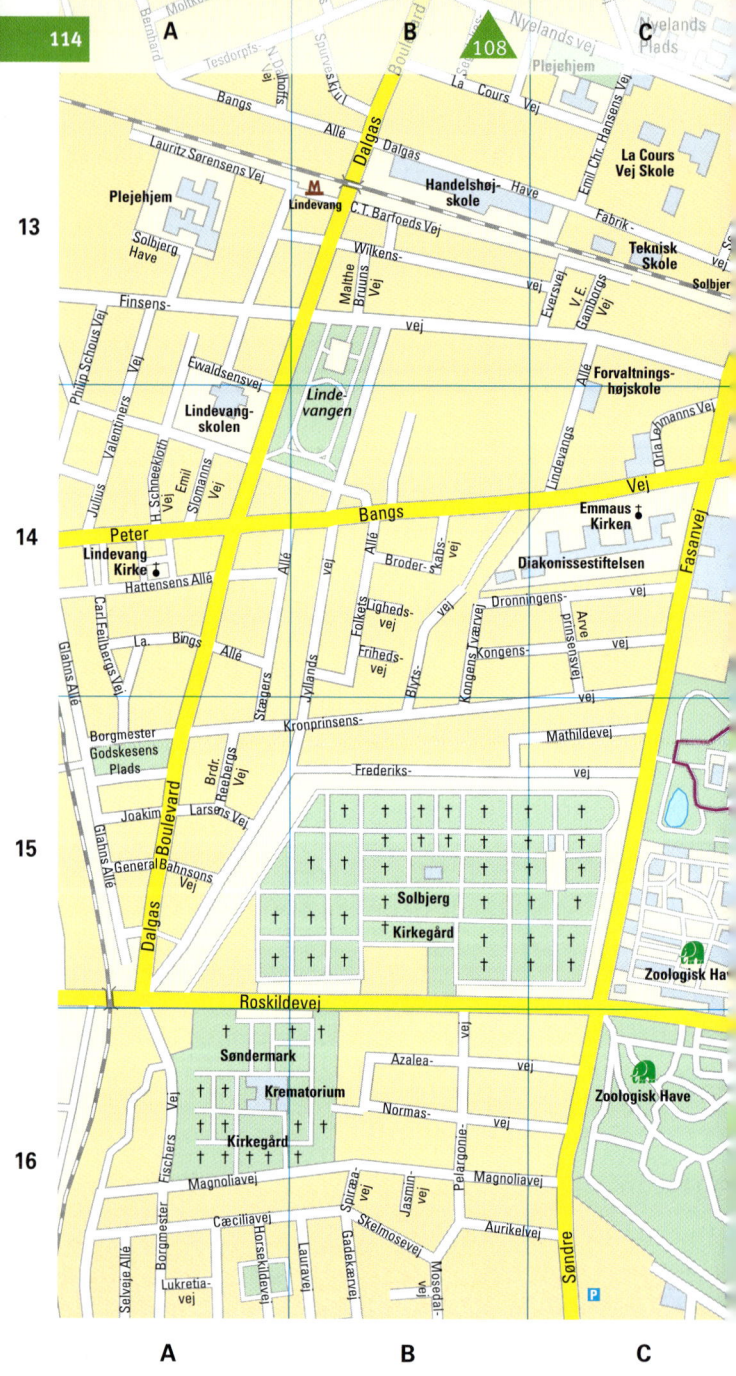

D E F

Falsters Lolland

Møllers Allé Sindshvile

Teknisk Skole

Roligheds

Rolighedsvej

Doktor Abildgaards Allé

L. I. Brandes Allé

N. I.

Guldborg

Bentzons

Svømme-hal

Helges

Roars vej

Aksel

Bjarkes-vej

Rolfs

Rolfs Plads

Adils-

Godthåbs Kirke

Langelands-

Nyelands vej

Folkvars-

Falkoner-vænget

dboh

Thurø-vej

Sprogø-

Seminarium

Nyelandsvej Skole

Frederiksberg Center

Thorvaldsens-

Landbohøjskole Kollegium

ndersens Vej

Frederiksberg

Solbjergvej

Christian Winthers Vej

Veterinær og Landbohøjskole

Handelshøj-skole

Domhuset

Sylows Allé

Solbjerg Kirke

Falkoner Scenen

vej

sacks-

Grundtvigs Sidevej

Acacia-vej

Ved Ande-bakken

Hospitals-

Grundtvigs

Ceres-

Frøbel-seminar-riet

Virginia-vej

Poul Møllers Vej

Frederiksberg

gade

gade

Gammel

Sagas-

Hath-

Henrik Steffens Vej

Bianco Lunos Allé

Steen Blichers Vej

Rådhus

Bredegade

4. Maj Kollegium

Hortensiavej

Rosenhaven

Edisonsvej

Frederik VI's Allé

Hollænder-

vej

116

Doktor Priemes Vej

Gymnasium

Maglekildevej

Amicis

Madvigs

eriksberg Have

Det Danske Revymuseum

Frederiksberg Runddel

Morskabs-Museet

Frederiksberg Allé

Frederiksberg

Storm P.-Museet

Frederiksberg Kirke

Frederiksberg Kirkegård

Ve

Asgårds-

Ibsens

Carit Etlars

Frederiksberg Slot

KB's Anlæg Tennisbaner

Jacobys Allé

Asmussens Allé

Frederik Barfods Skole

Frydendals

Kochs

Henrik

Pla an-

Roskildevej

Vesterbrogade

Brandsteds Allé

Amager

Tøndergade

dermarken

Pile

Bakkegårds Allé

Halls Allé

Rahbeks

Schlegels Allé

Allé

Rahbekskolen

Carstensgade

Freunds gade

Bissens gade

chlers-

Vesterfælled-

Lyrskov

Bakkehusmuseet

Carlsberg Besøgscenter

Enghave

0 240 m

© MERIAN-Kartographie

N

D E

A   B   C

110

ns Veterinære
Serumlabor

Aboule-

Smede-
Thorups
gade
Bethlehem

Adolph
Steens
Allé

Svane
mosegards
Vej

Wcsaaes

Jakob
Dannefærds
Vej

Murer-
gade

Herman
Triers
Plads

Teknisk
Skole

oligheedsvej
fjords

LI Brandes Allé

Ingemann's
Steenwinkels-
vej

Rosenørns
Idrætshal
Allé

Exvalds-
gade

Terner-
gade
Julius Thomsens Gade

Skole

Fuglevangs-
Allé

Radiohuset

Kleinsgade

Søpa

17   Landbohøjskolen

Idrætshal

vej

M   Forum

Gyl

Bille
Brahes Vej

JM. Thieles Vej

Johnstrups
Allé

Forum

Handelshøj-
skole

Skole

bhøjskole
egium

Steen Strups

Ørsteds-

Forchhammers-

Sankt Markus

Martinsvej

Allé

Martins K.

nær og
højskole

Bomhoffs Have

Heleneevej

Danas-

Skt. Markus
Plads

Suomisvej

Vodroffs-

Filippavej

Jørgens

Amalie-

Harsdorffs-

Niels

Svend Trøsts Vej

Carl Plougs

Allé

vej

Kampmanr

Kastanie-

Vej

Ebbesens

Skole

Norsvej

Skt.

18

Bülows-

Linde-

Urania-

Danas-

Allé

Knuds

Alle

Vej

Immanuels
Kirke

Sveasvej

Vodroffs Tværgade

Forhaabningsholms

H.C.

Tårnborg-

Lykkesholms

Sankt

Svanholms

Schønbergsgade

115   Kongevej

Vodroffs-

Tycho Brahe
Planetarium

Martensens

Mynsters-

Alhambravej

Hauchs-

St. Thomas Allé

Værnedams-

Pr. Marias Allé

Bagerstræde

Skole

Madvigs

Frederiksberg

Skole

Tullinsgade

Vej

Stenosgade

Jesu
Hjert
Kirke

19

Carl Bernhards

Engtoftev

Patudan Müllers

Kingosgade

Allé

Oehlenschlægers-

Saxogade

Det Ny
Teater

København

Det Ny
Teater

Absalons-
Eskilds-

Svendsgade

Gasværks-

København
vej

Cant Ellars

Bror-
sons-
gade

Kaalunds-

Valdemars-

Westend

Københavns
Bymuseum &
Søren Kierkegaard
Samlingen

Svendsgade

Elias
Kirke

Ab

Vesterbrogade

Skyde-
bane-
haven

Dannebrogs-

Skydebane-

Vesterbro

Platan

Enghavevej

Sundevedsgade

Mogel-
tondei-
gade

Hedeby gade

Matthæus-

Skt.
Matthæus
Kirke

Saxo-

Skole

gade

Skole
Eriks-

20

Amerikavej

Tønder-
gade

Frederiksstadsgade

Mysundegade

Skyde-bane-

Hedebygade

Hekerboden

borg
gade

Reisbygade

Broa-
ger-
gade

Flensborggade

Istedgade

Estlands-
gade

Geths.
Kirke

Boulevard Halmtorvet

Sommer-
gade

Steenstrups

Haderslevgade

Ulle-
rup-
gade

Vega

Enghaven

Trai

yrskov-
gade

Vej
Vesterfælled

Skole

Letlands-
gade

Letlands-
gade

A   B   C

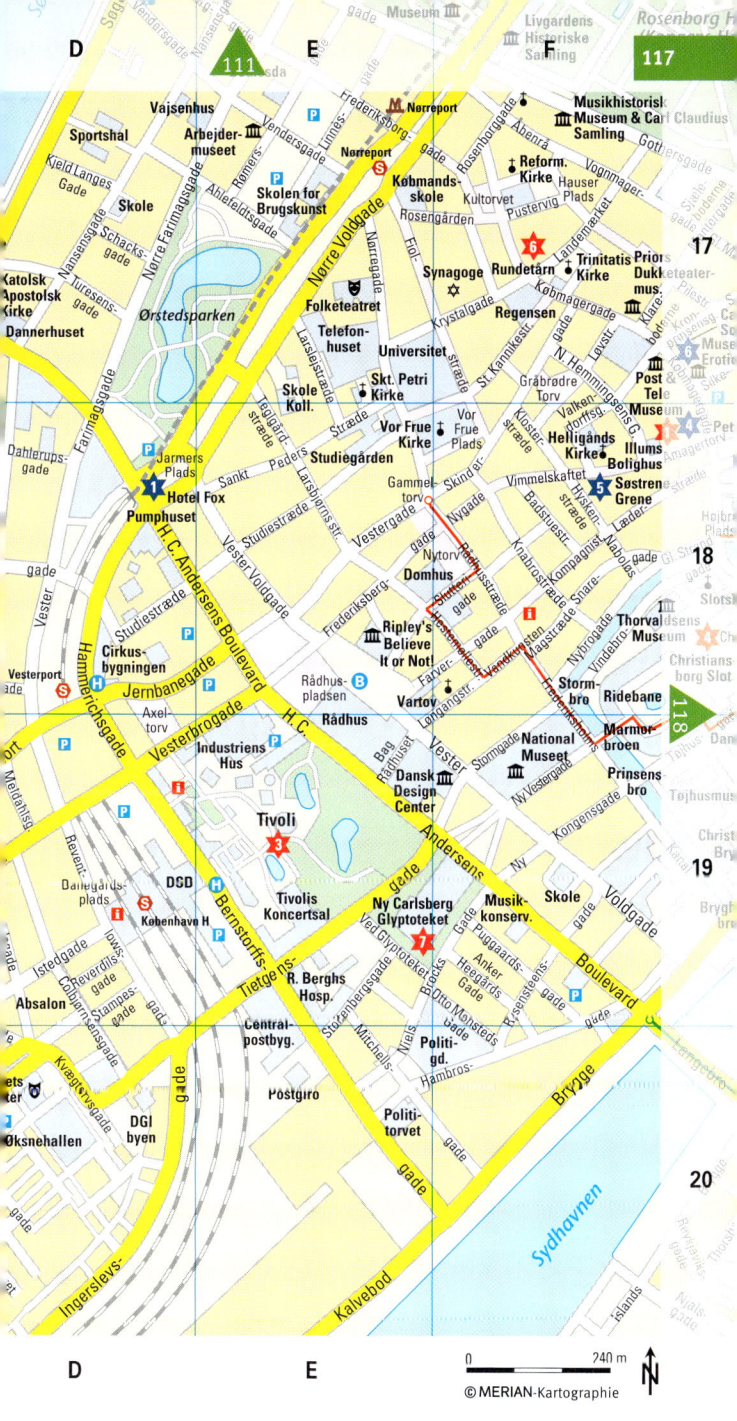

© MERIAN-Kartographie

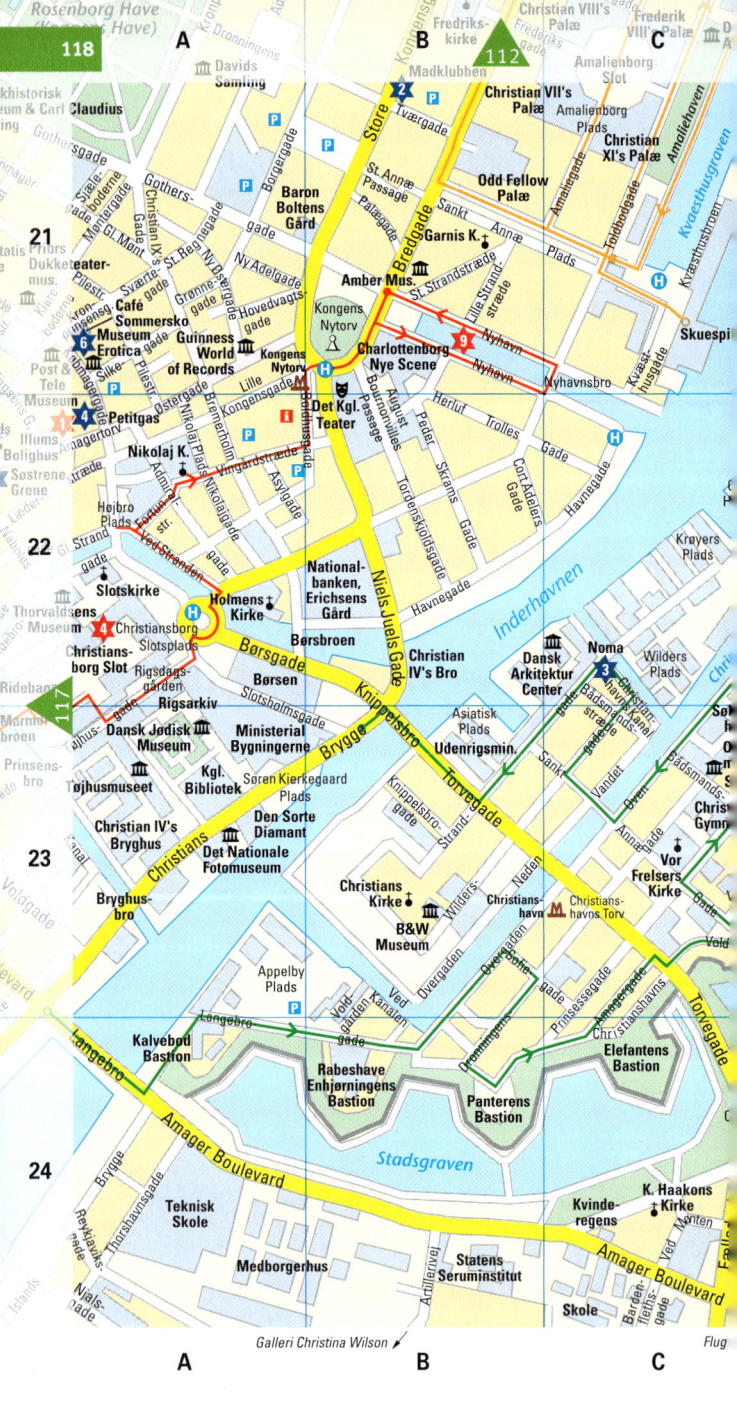

Charlotte
Amalies
Bastion

Hans Vej

Jahbsvej

1. Redan

Dokøen

Fabrik-
mestervej

Eik
Skaløes
Plads

Leo
Mathisens
Vej

Frederiks
Bastion

Operahus

Holmen

Philip de Langes Allé

Frederiksholm

Gafionsvej

2. Redan

Carls
Bastion

Haveforen.
Strandlyst

Trangravsvej

Trangraven

Arsenaløen

Halvtolv

Haveforeningen
Strandhøj

3. Redan

Bodenhoffs Plads

Vilhelms
Bastion

Burmeister-
gade

Refshalevej

Haveforeningen
Kløvermarken

Haveforen.
Rosen

Haveforeningen
Kløverblomsten

Kløvermarksvej

Sofie
Hedevigs
Bastion

4. Redan

Christianshavn

Haveforen
Sommerly

Christiania

Ulriks
Bastion

*Kløvermarkens
Idrætsanlæg*

5. Redan

Kaninøen

6. Redan

Haveforeningen
Vennelyst

Kløvermarksvej

Kloakpumpestation

Uplandsgade

Genbrugs-
plads

P

Lаplands-

Siljangade

Vermlandsgade

Refshalegade

Vermlandsgade

Nеnike

Boulevard

Carls-
gade

Mølle-

Dalsands-

Holmbladsgade

Kollegium

Praqs

0   240 m

N

© **MERIAN**-Kartographie

Kartenregister

Orts- und Sachregister

Wird ein Begriff mehrfach aufgeführt, verweist die **fett** ge-
druckte Zahl auf die Hauptnennung, eine *kursive* Zahl auf
ein Foto.
Abkürzungen:
Hotel [H]
Restaurant [R]

Liebe Leserinnen und Leser,
vielen Dank, dass Sie sich für einen Titel aus unserer Reihe MERIAN *live!* entschieden haben. Wir freuen uns, Ihre Meinung zu diesem Reiseführer zu erfahren. Bitte schreiben Sie uns an merian-live@travel-house-media.de, wenn Sie Berichtigungen und Ergänzungen haben – und natürlich auch, wenn Ihnen etwas ganz besonders gefällt.

Alle Angaben in diesem Reiseführer sind gewissenhaft geprüft. Preise, Öffnungszeiten usw. können sich aber schnell ändern. Für eventuelle Fehler übernimmt der Verlag keine Haftung.

© 2011 TRAVEL HOUSE MEDIA GmbH, München
MERIAN ist eine eingetragene Marke der GANSKE VERLAGSGRUPPE.

3. Auflage

Alle Rechte vorbehalten. Nachdruck, auch auszugsweise, sowie die Verbreitung durch Film, Funk, Fernsehen und Internet, durch fotomechanische Wiedergabe, Tonträger und Datenverarbeitungssysteme jeglicher Art nur mit schriftlicher Genehmigung des Verlages.

BEI INTERESSE AN DIGITALEN DATEN AUS DER MERIAN-KARTOGRAPHIE:
kartographie@travel-house-media.de

BEI INTERESSE AN ANZEIGENSCHALTUNG:
KV Kommunalverlag GmbH & Co KG
MediaCenterMünchen
Tel. 0 89/92 80 96 44
winzer@kommunal-verlag.de

Ein Unternehmen der
GANSKE VERLAGSGRUPPE

TRAVEL HOUSE MEDIA
Postfach 86 03 66
81630 München
merian-live@travel-house-media.de
www.merian.de

PROGRAMMLEITUNG
Dr. Stefan Rieß
REDAKTION
Simone Lucke
LEKTORAT
Rosemarie Elsner
BILDREDAKTION
Anna Hoene
SCHLUSSREDAKTION
Ulla Thomsen
SATZ
Sabine Dohme, München–Planegg
REIHENGESTALTUNG
Independent Medien Design,
Elke Irnstetter, Mathias Frisch
KARTEN
Gecko-Publishing GmbH für
MERIAN-Kartographie
DRUCK UND BUCHBINDERISCHE VERARBEITUNG
Stürtz Mediendienstleistungen, Würzburg
GEDRUCKT AUF
Eurobulk Papier von der
Papier Union

MIX
Papier aus verantwor-
tungsvollen Quellen
FSC® C043954

BILDNACHWEIS
Titelbild (Nyhavn), Visum: A. Buellesbach
C. Anzenberger-Fink 50 • Bildagentur Huber: G. Simeone 63, 85, S. Mezzanotte 44 • Bistro Bohème 16 • dpa Picture-Alliance: Polfoto 43 • Experimentarium 47 • Hotel Fox 12 • Jahreszeiten Verlag: Gourmet-PictureGuide 22, 25 • Laif: T. Barth 2, 74, 92, J. Glaescher 76, hemis.fr/ L. Maisant 36, hemis.fr/ J.-B Rabouan 67, Redux/The NewYorkTimes/Redux 10/11, A. F. Selbach 4, 40, F. Siemers 48/49, 52 • Look-Foto: Quadriga-Images 56 • Pure Green 29 • Schapowalow: Atlantide 70/71 • Søstrene Grene 34 • Visitkopenhagen 60, 90/91 • Visum: B. Kowsky